哈利·波特中的科学

The Science of Harry Potter

[美] 马克·布瑞克 (Mark Brake)　　乔恩·蔡斯 (Jon Chase) ◎著

李　湛 ◎译

机械工业出版社
CHINA MACHINE PRESS

魔法通常被认为是一种超自然的力量，因为它似乎有能力违背物理学和逻辑学，所以吸引并取悦了人们。但是你有没有想过，科学能否对这些神奇的魔法做出合理解释？本书研究了《哈利·波特》中读者最喜欢的一些人物、法术、物品、场景，甚至像魁地奇和巫师棋这样的游戏背后的科学原理，提供了深入的分析和科学事实来支撑其理论，以满足各地麻瓜的好奇心。对于那些痴迷于《哈利·波特》的人来说，这是一份完美的礼物，他们会被这个不可能的魔法世界和真实科学之间的融合所吸引。

The Science of Harry Potter/by Mark Brake and Jon Chase/ISBN: 978-1-63158-237-0

Copyright © 2017 by Mark Brake & Jon Chase.

Published by arrangement with Skyhorse Publishing through Andrew Nurnberg Associates International Limited

All rights reserved.

此版本仅限在中国大陆地区（不包括香港、澳门特别行政区及台湾地区）销售。未经出版者书面许可，不得以任何方式抄袭、复制或节录本书中的任何部分。

北京市版权局著作权合同登记　图字：01-2021-0620 号。

图书在版编目（CIP）数据

哈利·波特中的科学 / （美）马克·布瑞克（Mark Brake），（美）乔恩·蔡斯（Jon Chase）著；李湛译. —北京：机械工业出版社，2024.5（2024.8重印 ）

书名原文：The Science of Harry Potter

ISBN 978-7-111-75569-2

Ⅰ.①哈…　Ⅱ.①马…　②乔…　③李…　Ⅲ.①科学知识 – 普及读物　Ⅳ.①Z228

中国国家版本馆CIP数据核字（2024）第072318号

机械工业出版社（北京市百万庄大街22号　邮政编码100037）
策划编辑：蔡　浩　郑志宁　责任编辑：蔡　浩　郑志宁
责任校对：张雨霏　陈　越　责任印制：张　博
北京联兴盛业印刷股份有限公司印刷
2024年8月第1版第2次印刷
180mm×230mm · 13印张 · 2插页 · 186千字
标准书号：ISBN 978-7-111-75569-2
定价：78.00元

电话服务　　　　　　　　网络服务
客服电话：010-88361066　机 工 官 网：www.cmpbook.com
　　　　　010-88379833　机 工 官 博：weibo.com/cmp1952
　　　　　010-68326294　金 书 网：www.golden-book.com
封底无防伪标均为盗版　机工教育服务网：www.cmpedu.com

谨以此书献给我们的女儿：
弗朗西斯、碧恩、伊登

C O N T E N T S 目 录

第一篇

魔法哲学

哈 利 · 波 特 中 的 科 学

The Science of
Harry Potter

霍格沃茨天文学课的背后是什么？

　　天文学在《哈利·波特》系列的故事线中扮演着充满戏剧性而又十分微妙的角色。在《哈利·波特与阿兹卡班的囚徒》里，我们在月圆之夜，第一次见到莱姆斯·卢平（也叫 Moony，意思是"月亮"）从一位混血魔法师变身成了一个狼人。正是月光激发了卢平的狼人本性。

　　我们都知道，霍格沃茨礼堂的天花板被施了魔法，会在夜晚浮现出星象图。它是星空的一个缩影，似乎在近距离展示着星云和旋转的星系，就像是要赢过哈勃望远镜似的。

　　还有天文塔，那是霍格沃茨城堡里最高的塔，是整个系列中最富有戏剧性的场景之一。在那塔顶的高空之上，潜伏着的食死徒们不断聚集于此，在他们黑魔法的笼罩下，邓布利多被西弗勒斯·斯内普施展的杀戮咒所杀。不过，天文塔同样也是学生们学习的地方。在午夜里，在奥罗拉·辛尼斯塔教授的指导下，学生们通过望远镜凝望着行星和恒星。那么，在霍格沃茨的课程里，天文学对于魔法师们来说有哪些用处呢？

月亮与行星

　　在这儿，关于月相的知识会很有用。比如说，不论你身处世界上的哪个地方，狼人都一样会在月圆之夜变身，那么，如果知道什么时候是满月，魔法师们就能避开狼人变身的时间了。至于行星，它们定义了魔法世界里一周中的每一天。在拉丁语中，周日到周六是这样排列的：Solis（太阳/周日）、Lunae（月亮/周一）、Martis（火星/周二）、Mercurii（水星/周三）、Iovis（木星/周四）、Veneris（金星/周五）和Saturni（土星/周六）。你可能会发现，即使在英文里，也仍然有一些行星的名字留在星期的说法中：周日（Sunday）、周一（Monday）和周六（Saturday）还在沿用着太阳、月亮和土星的名字。

在霍格沃茨的课程中，似乎也要求学生们学习和理解行星的运动规律。他们对行星的研究有着特有的英式幽默。特里劳尼教授俯视着一张图，注视着一次与外太阳系的邂

迳，她对拉文德·布朗宣布道："亲爱的，这是天王星。"
却只听到罗恩回答："可以把天王星⊖也让我看一眼吗，
拉文德？"而赫敏则这样纠正哈利对木星的卫星欧罗巴
的理解："……我想你一定是听错了辛尼斯塔教授的话，
欧罗巴是被冰（ice）覆盖着，不是被老鼠（mice）覆
盖着。"

不过，从故事里最细微的小细节中，我们都可以了
解到很多东西。比如在《哈利·波特与魔法石》中有一
个小小的暗示，在天文学课上，赫敏向一脸不情愿的罗
恩提问，而哈利则朝他拽过来一张木星图，开始学习起
木星的卫星名称。在《哈利·波特与凤凰社》中，三位
小伙伴合力对付一篇艰深难懂的关于木星卫星的文章。

宇宙学的转折点

天文学的历史就像魔法一样，漫长而又神秘。而在
那段历史的大部分时间里，人们关注的焦点是行星的运
动。一种叫作"地心体系"的理论将地球置于古代宇宙
的中心。行星在以地球为中心的圆形轨道上运行。这种
观点很好地解释了太阳每年穿越黄道带的行为，以及太
阳穿越天空的路径。地心体系也合理地解释了月球的运

⊖ 英文中"天王星"和"肛门"谐音。 ——译者注

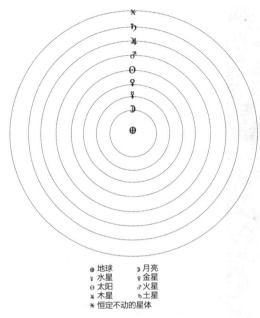

⊕ 地球		☽ 月亮	
☿ 水星		♀ 金星	
☉ 太阳		♂ 火星	
♃ 木星		♄ 土星	
✳ 恒定不动的星体			

毕达哥拉斯学派的经典地心体系：从上方看，星球逆时针转动

亚里士多德和托勒密的地心体系

动为何远不如太阳运动有规律。但是，对于人们观测到的那些游荡着的行星的运动，这种简单的圆形轨道却完全无法给出解释。

与地心体系相对立的是以太阳为中心的日心体系。在这里，太阳和它的行星们是按照它们在天空中真正的顺序排列的。日心体系也能从表面上解释行星的运动问题。只有当你知道地球本身也是一颗运动的行星时，你才能理解这种行星运动。而在地心体系中，地球并非是颗行星，而是整个宇宙的中心。

对行星运动方式的不同解释成了宇宙学说的转折点。这两种行星体系自古以来就为人所知，但中世纪反复无常的事件却促使一位默默无闻的波兰神职人员——尼古拉·哥白尼——在一本能够改变历史的书中，重新启动了日心体系。哥白尼所著的《天体运行

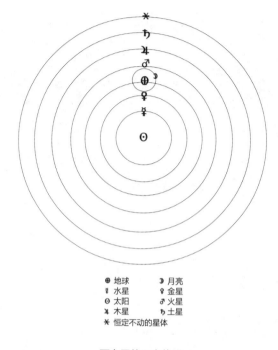

⊕ 地球　　　☽ 月亮
☿ 水星　　　♀ 金星
☉ 太阳　　　♂ 火星
♃ 木星　　　♄ 土星
✳ 恒定不动的星体

哥白尼的日心体系

论》一书出版于 1543 年。它的出现，意味着古老的、长期以来被人们所接受的地心体系最终失败了，但这也并非没有争议。

黑暗升起

中世纪的教会支持地心体系。它将人类置于没有活性的土坯地核和圣灵的中间。人类要么追随自己的本性，直落到地心的地狱里去，要么追随自己的灵魂和精神，穿越天体，到达天堂，这样一来，行星系统与中世纪基督教的生死大戏就联系在一起了。

要移动地球的位置，那就是在动上帝的宝座，上帝原本是要居住在恒定星体的范围

之外的，然而，哥白尼所做的事恰恰就是移动了地球的位置。他的新行星系统，和这个新系统所激发出的一个充满了行星的无限新宇宙理论，严重冲击了宗教神学。日心体系使地球从宇宙中心降了级，它引发了人们对基督教信条的怀疑。比如，人们开始质疑救世学说，而神权统治一切尘世事物的信念也开始动摇了。日心体系还质疑了创世纪的本质，以及创世纪与造物主的关系。简而言之，哥白尼主义对人类（或者说是麻瓜）最重要的属性——身份提出了质疑。

世界上下颠倒

意大利数学家伽利略把新发明的望远镜当作武器，揭开了新宇宙的面纱。在一个看起来不甚完美的月亮上，伽利略发现了与地球上类似的山脉和陨石坑。他还发现了太阳上的"不纯"斑点，以及无数的星星，这些只有借助望远镜才能看得到的"闪耀"，配得上去装饰邓布利多的斗篷。于是，天堂的完美和永恒到此为止了。伽利略最令人震惊的发现是木星的四颗主要卫星。它们证明了在地球之外还有其他的引力中心。旧体系认为，只有地球才是唯一的引力中心。而当伽利略邀请当时诸位大人物们通过望远镜去观测这些木星的卫星时，这群了不起的客人中没有一个人相信它们的存在。有些人被偏见蒙蔽了双眼，甚至拒绝通过望远镜去看。伽利略的望远镜粉碎了旧宇宙观。

伽利略发现了新世界，赢得了这场战争。他的发现引发了科学革命，标志着旧宇宙观向新宇宙观的根本转变。古老而舒适的地心宇宙是以人类为中心的，而哥白尼和伽利略的新宇宙却是分散的、黑暗的、无限的。这就是霍格沃茨课程中木星卫星的研究背景，而这一天文学分支则把魔法师们置于宇宙之战的进步阵营中。

大自然是否像魔法那样，
从虚空中创造出万物？

这儿有个三兄弟的例子，他们变出了一座桥，用来过河。还有一位教授忽然想喝杯茶，于是变出了一个茶盘；一位年轻的女士变出了一群金丝雀来陪伴自己，又变出一个水晶瓶来保存另一位教授的记忆。

造物术之于变形术，就像是宇宙学之于物理学——是那个最棘手的部分。变形术是魔法的一个分支，它的目的是在各种情况下，通过改变物体的分子结构来改变物体的形状或外观。但造物术则是一种从稀薄的空气中——即从以太本身中——变出一个物体的术法。这使得造物术课程成为霍格沃茨最复杂的魔法课程之一，主要面向六年级及以上的学生。而且，其所能变出的东西是有限的。根据甘普基本变形法则（一条统御整个魔法世界的基本法则），有些东西是不能被凭空变出来的，食物，就是其中之一。但鸟和蛇则是小菜一碟。比起其他生物，这两种生物是最容易变出来的。

打响指或挥舞魔杖有时会带来危险，有些咒语可能会出错，特别是在想变出生物的时候。如果咒语没有按字面意思一字一句地执行，或者施法者对他们的法术不大在行，那么，像蛙兔杂种这样的危险物种就可能出现。很明显，这样的怪物可以用人工生物准显性法则（魔法世界的一条法则）来解释：即这是一种细胞重组中发生的元素叠加现象。另一些可能出现的结果还包括被劈开的脑袋，以及分不开的四肢。那么，大自然也能"凭空"造出一些东西吗？为什么在宇宙中，"有"一些东西，而不是什么都"没有"？

空间和时间的开始

我们生活在一个不断演化的宇宙中，似乎没有什么比我们对宇宙的理解发展得更快。我们祖先认识的宇宙是很小的、静止的、以地球为中心的。而现在，在 21 世纪，我们发现自己漂浮在一个不断膨胀的宇宙中，这个宇宙如此之大，以至于从其外围射出的光要到达我们的望远镜，所需的时间可能会超过地球年龄的两倍。

今天，几乎所有的宇宙学问题都是在大爆炸理论框架内进行讨论的。大爆炸理论认为，宇宙起源于一个"奇点"——即一种时空自身无限弯曲的状态。在这个奇点中，所有的时间和地点都是一体的。因此，大爆炸并不发生在一个已经建立的空间中。大爆炸没有发生在某个特定的地方，它恰好发生在你所在的地方，并且同时发生在所有其他地方。最后，大爆炸并不是在一个预先存在的空间中发生的爆炸，不是那种我们通常所认为的爆炸。爆炸发生时，物质并没有被炸入太空，而是留在原地，它们周围的空间则发生了膨胀。

这个大爆炸听起来相当奇妙，而它存在的证据则主要来源于对物理证据的三种主流解释。首先，时空中旋转星系产生的红移现象表明，宇宙可能正在膨胀。如果让时间倒流，那么宇宙膨胀将会回到我们上面提到的奇点。其次，我们相信，宇宙在膨胀过程中留下了痕迹，即宇宙背景辐射，也就是宇宙热源的残余辐射。第三，宇宙中元素的混合物也是证据。随着宇宙的冷却，各种化学元素的混合物开始被创造出来，并逐渐演化成今天我们所观察到的比例——大量的氢以及氦，而其他元素则少之又少。

但是，在大爆炸之前发生了什么呢？整个宇宙都是从这个奇点中凭空变出来的吗？

宇宙学家声称，确实如此。

一个宇宙是怎样被凭空创造出来的

如今，大多数理智的人都知道，世上没有免费的午餐。大多数人，也就是说，除宇宙学家之外。许多物理学家的工作就是解释大爆炸理论中越来越复杂的现象，他们相信，宇宙是从无到有的。不知何故，大自然创造了宇宙。

当学者们进行计算时，他们声称我们的宇宙最初是一个微粒，这个微粒穿越一道能量屏障，达到一个更大的半径，并逐渐涨成一个正在膨胀的宇宙。正如他们所说，剩下的就是历史了。但这并不是他们所声称的全部内容。学者们还表示，即使宇宙的初始尺寸为零，他们用以支持隧道假说的数学模型也不会被推翻。简言之，宇宙可以通过隧道涨至某个半径，这个半径将允许宇宙从真正的"虚无"开始，膨胀扩张。

这里需要一个词来解释"虚无"的概念。我们所说的"虚无"，并不是指真空的空间。物理真空中充满了能量、粒子和反粒子，它们始终在真空中反复出现和消失。真空的空间并不仅仅是一个让事情在其中发生的中立的剧场。爱因斯坦认为，空间可以弯曲和延展。因此，大爆炸的"虚无"是一个真正的"无"，在它这个点之外，时空是不存在的。然而，宇宙仍是被"创造"出来的。

稳恒态理论和迷你大爆炸

并非所有人都认同大爆炸理论。从 20 世纪 40 年代开始，英国物理学家弗雷德·霍伊尔爵士和其他人共同研究出了一种非膨胀宇宙的替代模型，被称为稳恒态理论。不过，这个替代理论仍然支持物质是被创造出来的这一说法。

稳恒态理论认为，并没有大爆炸发生。该理论的支持者认为，大爆炸与热核武器在美学上存在的联系使得这个理论显得既丑陋，又突兀。这个理论也暗示着神创论和宇宙

伊始的神秘性。

在 1994 年出版的自传中，霍伊尔写到，大爆炸理论中有一件最让他恼火的事情，那就是大爆炸理论违反了一个物理学基本观点，即物理学定律适用于宇宙的各个角落和所有时空。这个观点在稳恒态下可以得到证实，但在大爆炸中却不能被证实。大爆炸认为，在时间的最初，空间的扭曲是无限的，于是正常的物理定律就被打破了。霍伊尔称之为"大爆炸宇宙学中发生的、对物理定律的粗暴破坏"。

但是，稳恒态理论的支持者们仍然认为宇宙可能会膨胀。物质的创造是关键所在。他们的理论是，宇宙是无限古老的，并没有真正的宇宙初始。如何做到这一点呢？那就是通过不断创造新生物质，这种创造弥补了宇宙膨胀造成的物质密度损失。因此与在大爆炸理论中，"所有物质都是在一开始就被创造出来的"这一观点不同，稳恒态理论主张的是物质的持续创造，或者如果你愿意的话，也可以把它看成是一连串的迷你大爆炸。

最后，为什么在宇宙中"有"一些东西，而不是什么都"没有"？为什么宇宙——至少在大爆炸理论中——就那么凭空出现了？因为，物理定律允许。在量子物理的理论中，一个过程具有特定的发生概率，而并非一定要有发生的理由。

寻找魔法石的真相是什么?

　　它是一块传说中的红色石头,具有神奇的魔力。用它可以创造出不死药,喝了药的人能长生不老。它还能把任何金属都变成纯金。魔法石在《哈利·波特》的世界中占据着特殊的位置,而魔法石这个概念,则是由生活在 14 至 15 世纪的真实世界中的一位巴黎抄写员兼手稿销售商尼古拉斯·弗拉梅尔在他的小说中所创造的。哈利与伏地魔的第一场战斗,就是围绕着这块魔法石展开的。为了达到自己的目的,伏地魔试图偷走这块石头,但却遭到了挫败,于是,伏地魔恢复力量的时间也被推迟了。

找到魔法石之后，邓布利多与弗拉梅尔立刻讨论了这块石头该如何处理。两人决定销毁它——弗拉梅尔承认，在他和妻子继续活上 600 多年、心满意足地离世之前，他已经有了足够多的不死药来处理好自己的事情。然而，在魔法石被摧毁掉的五年之后，哈利怀疑，像伏地魔这样厉害的魔法师或许能找到另一块魔法石。也许弗拉梅尔创造的那一块并不是独一无二的。再说，伏地魔本来就拥有着足够的魔法天赋，他可以自己做出魔法石。那么在现实生活中，制造魔法石又有什么挑战呢？

杰作

炼金术是一种古老而神秘的活动，其根源遍及世界各地。对它的研究充斥在无数哲学信仰之中，跨越了数千年和无数不同的文化。许多炼金术从业者都饱受迫害，于是他们在炼金术中经常采用象征性的、神秘难解的语言，这使得后来的人们很难找到不同炼金术文化之间的联系。

但是，有三条炼金术的主线是我们可以找出来的，它们是中国古代炼金术、印度和印度半岛的炼金术以及西方炼金术。西方炼金术最初在地中海周围发展起来，之后，它的中心从希腊 - 罗马时期的埃及转移到了阿拉伯世界，最后又转移到了中世纪的欧洲。也许，这三条主线有着共同的祖先，并且彼此之间相互产生过巨大的影响，但它们之间也有巨大的差异。西方炼金术发展出了自己的哲学体系，这种体系与各种西方宗教形成了某种共生关系。

公元 4 世纪初，希腊炼金术士、诺斯底主义者——帕诺波利斯的佐西莫斯，就曾写过一本最古老的关于炼金术的书籍，书名为《切罗克梅塔》，其希腊语的意思是"手工制作的东西"，其中就出现了关于魔法石的描述。

世界上存在着各种各样魔法石的制作方法，与产生它们的不同文化相互呼应。总的来说，这种魔法石的制作方法遵循一套被称为"杰作"或"伟大作品"的炼金术方法。

根据不同的文化，这个"杰作"炼金术描述了制作魔法石的过程，在这个过程中，魔法石将经历一系列的颜色变化，即黑色、白色、黄色和红色。这个颜色序列的起源可以追溯到佐西莫斯和其他地方。在这个"杰作"里还有着各种各样的炼金术徽章，乌鸦、天鹅和凤凰等鸟类则被用来象征魔法石在颜色序列上所处的位置。制作魔法石时，炼金术士会在实验室里看到这些颜色。例如，黑色可以被看作是腐烂、燃烧或发酵物所带的黑色。

从贱金属到黄金

几个世纪以来，魔法石是炼金术中最令人垂涎的物品。魔法石有着悠久的历史。古希腊原子学家恩培多克勒是四大元素经典宇宙论的创造者，这四大元素分别是：土、水、气和火。对于恩培多克勒来说，正是这四大基本元素形成了这个现象世界，在其中处处充满着对比和对立。

通过实验，恩培多克勒证明了看不见的气也是一种物质，并提出了四大基本元素，即土、水、气和火，它们凌驾于其他元素之上。恩培多克勒还认为，另外两种抽象元素，即爱与恨使得四大基本元素连接和分离，从而产生万物的变化。

在这种宇宙论中，恩培多克勒创立了万物理论。他的世界观描述了不同种类的元素，以及这些元素如何形成了海洋和地球、月亮和太阳、大气层等。此外，他还研究了动植物的生源论，以及人类的生理学。

这种元素哲学也是炼金术士的信条。黄金本身与汞和铅等贱金属一样，都是由土、水、气和火等元素组成的。因此，也就是说，如果你改变这些组成元素的比例，贱金属也可以转化成黄金。黄金之所以优于其他金属，是因为黄金中所包含着的四种元素拥有着完美的平衡。

为什么是黄金？

可为什么是黄金呢？今天，已知的金属有 90 种之多。但在古代，人们只知道七种金属，即金、银、铜、铁、铅、锡和汞。现在我们把它们认为是古代金属，古埃及、古希腊和古罗马的人们对这些金属都很熟悉。在这七种金属中，黄金是最令人遐想的一种，并且千年以来，始终如此。

黄金不会褪色，它能始终保持自己的颜色，并且不易破损。在古代文化中，黄金似乎是坚不可摧的，而打造它又很容易。一盎司（28.35 克）黄金可以被锤打成约 90 平方米的薄金属片。

直到 1850 年，人类历史上开采的黄金总量不足 1 万吨。1850 年至 1900 年，全球总计开采了 1 万吨黄金，基本上相当于有记载以来的开采总量。从 20 世纪开始，人类开采黄金的速度增长极快，黄金成了一种去中心化的"货币"。

一位工作中的炼金术士

英国著名物理学家艾萨克·牛顿就是这么一位辛勤工作的优秀炼金术士。在 16、17 世纪的欧洲，有许多人跑到法庭上去，声称他们知道魔法石的秘密。因此，在整个欧洲大陆，王公贵族们纷纷雇用了许多炼金术士来尝试炼金。对于炼金术士来说，这是非常有利可图的。在这条寻求炼金术的道路上，公爵们或王子们很可能会被掏空口袋。

但炼金术士们寻找魔法石的举动也并不仅仅是出于贪婪。当时黄金象征着物质的最高状态，它是人类更新和重生的表征。一个"金色"的人，拥有着灼灼其华的精神美感，他总是能够战胜潜藏着的邪恶力量。而最低贱的金属——铅，则代表了有罪的和不知悔改的人，这样的人很容易被黑暗的力量所征服。

和其他炼金术士一样，牛顿也在寻找古代秘籍中的炼金配方。在罗马帝国的皇帝奥古斯都统治时期，诗人奥维德写了一本诗体著作《变形记》，牛顿在这本书中发现了一种配方，他把这种配方称为"网"。

现在，在炼金术中，维纳斯、马尔斯和伏尔甘分别代表着铜、铁和火。因此，对于牛顿这样的人来说，神话变成了炼金术的配方。

牛顿确实成功地合成出了一种紫色的合金，它被称为"网"，并且人们认为，这种合金意味着人类朝着魔法石又靠近了一步。

通过重现这些炼金术配方，现代学者们发现，牛顿的炼金术中包含了现代科学实验的关键元素，即可重复性和可验证性。此外，其他皇家学会的成员也是炼金术士。在许多方面，炼金术是人们研究自然的一种秘密实践途径。

炼金术之梦：贱金属如何化为黄金？

在《哈利·波特》的世界里，炼金术是魔法的一个分支。它是一门研究古典四大元素，即土、水、气和火的古老科学。炼金术还与物质的嬗变有关。因此，它与化学、药剂制造学和变形术也都有关系。若追溯到古代，炼金术与哲学是融为一体的，并且还与形而上学和神秘臆想混杂在一起。即使到了 20 世纪，仍然有一些魔法师们在积极地研究炼金术。而且，正是因为有需求，霍格沃茨才会面向六年级及以上的学生教授炼金术。

在《哈利·波特》的宇宙中，炼金术以一种十分微妙的方式让人感觉到它的存在。古代记载炼金术的文献中经常提到红色和白色这两种颜色。一些学者认为，就像金与银之于贱金属一样，红色和白色也代表着人性的两个不同方面。这两种颜色正是鲁伯海格（红色）和阿不思·邓布利多（白色）这两个名字的来源。在我们自己的宇宙中，炼金术的研究与魔法世界中的相关研究是平行的。

炼金术的目的包括制造出不死药、合成出万能溶解剂，以及物质嬗变——即将贱金属转化为贵金属，特别是黄金。毫无疑问，遍布欧洲、埃及和亚洲的炼金术在早期现代科学，特别是医学和化学的萌芽中发挥了重要作用。

但也许不太为人所知的是，当代科学家已经实现了物质嬗变的梦想。因为，在无垠宇宙中的某个地方，贱金属元素的确正在慢慢地转化为黄金。

古典元素的起源

让我们来看看这些元素的背景故事。包括古希腊人在内的古代人都相信，地球是由四种元素组成的，即土、水、气和火。亚里士多德相信宇宙是神圣的，但基本上宇宙也是沉闷的，正处于休眠状态中。他想象出了一个两层的地心宇宙，在它的中心放置着地球，而地球是易变的、会腐败。从地球到月球的这一层受到四种元素嬗变的影响。只有这一层会遭受到变化、死亡和腐朽的恐怖威胁。

在月球之外的"超月球"范围内，能够促使嬗变发生的四种元素消失了。宇宙的其余部分是由从地表到恒星之间层层嵌套的水晶球体组成的。它的组成材料是一种完全不同的材质——"精华"，即第五元素。"精华"纯洁而永恒，完美地化身为环绕在地球中心周围的水晶同心球体。我们越飞往月球之外，"精华"就会变得越纯净，直到它在亚里士多德所说的上帝——即原力的范围内，化为它最纯净的形式。

但是，伽利略早期用望远镜进行的观察使亚里士多德的宇宙观受到了威胁，因为伽利略开始证明，天和地是由相同的物质组成的。月球表面坑坑洼洼，崎岖不平，太阳中的黑点似乎是"精华"中一种不纯洁的杂质。而中世纪的学者也开始意识到，物质具有普遍性和易变性。用伽利略的话说，"还有什么比把宝石、银、金称为高贵，把泥土称为低俗更愚蠢的呢？这些人如此推崇不朽、永恒不变之类的……他们应该去看一下美杜莎的头，好把他们变成钻石和翡翠雕像，这样他们可能会比现在更加完美……我的观点是，正因为地球上不断发生着许许多多不同的渐变和突变，不停地有新事物产生，所以，地球是非常高贵的、值得赞美的。"

化学元素的起源

让我们快进四个世纪。在 19 世纪末，化学元素周期表的概念开始逐渐形成。因此，当 20 世纪关于宇宙起源和演化的理论——即所谓"大爆炸"理论出现时，它必须要考虑到宇宙中所有的事物，其中也包括化学元素的起源和发展。

在早期，大爆炸理论的拥护者就认识到，宇宙是进化的。用一位著名的宇宙学家乔治·加莫夫的话说，"我们断定，原子种类的相对丰度代表了与宇宙历史有关的最古老的文献"。换句话说，元素周期表是物质演化的证据，原子可以证明宇宙的历史。

不过，大爆炸理论的早期版本认为，宇宙中所有的元素都是在大爆炸中一次性形成的。正如加莫夫所说的，"这样的丰富程度……"这里指的是元素的比例（比如大量的氢元素，几乎找不到的金元素等），"……一定是在膨胀的早期阶段确定的，当时原始物质的温度仍然足够高，高到允许核转变的结果能够覆盖整个化学元素周期表的范围。"这个想法很好，然而却大错特错。只有氢、氦和少量锂可能在大爆炸中形成。所有比锂重的元素都是在很晚的时候，在恒星演化和爆炸过程中进行融合而形成的。

我们是怎么知道这一点的呢？因为，正当一些学者在研究大爆炸理论时，还有其他一些人在试图彻底抛弃这个理论。大爆炸理论与热核装置的联系使它看起来粗糙难看。而且这个理论暗示着，宇宙具有神秘的起源，这使它沾染上了神创论的污点。因此，一个对立的宇宙学家阵营提出了另一种理论：稳恒态理论。

稳恒态理论认为宇宙一直存在，而且永远都会存在。物质是从空间本身的真空中产生的。与大爆炸及其缺陷做斗争的稳恒态理论学者们不得不回答一个问题：如果化学元素的创造过程不是在宇宙诞生的最初几分钟内完成的，那么它们又会是在宇宙中的何处被制造出来的呢？学者们的回答是：在恒星自身的熔炉中。他们在恒星中发现了一系列核连锁反应。首先，他们发现了核聚变反应是如何使元素的重量超过碳元素的。然后，他们详细描述了一连串共八次的核聚变反应，恒星就是通过这一连串的核聚变反应，将轻元素转化为重元素，并通过恒星风和超新星爆炸使这些元素进入太空中的。

因此，炼金术士的梦想是在恒星内部实现的。每一克黄金都起源于数十亿年前，在那些处于超新星状态中、正在发生爆炸的恒星的内部锻造而成。那些在爆炸中散入太空的金粒子与岩石和尘埃互相混合，形成了早期地球的一部分。从那以后，它们一直在那里沉睡，静静等待。

大法师梅林：野史与经典正史相较如何？

　　他是历史上最著名的魔法师，这就是《哈利·波特》中对梅林的描述。和许多传奇人物一样，他的名气使得他的名字变成了魔法世界中的日常用语，例如"梅林的胡子"，还有少见一些的，"梅林的裤子"。

　　根据正史记录，梅林在霍格沃茨上过学。梅林也被称作魔法师王子，据说他在中世纪的某个时期曾就读于霍格沃茨魔法学校。此处省略掉具体日期是种明智的做法，因为"传说"常常是模糊的，即使对英语世界中最强大的传说人物之一也是如此。在经典正史的说法中，梅林的魔杖是由古老的英国橡树制成的，然而他的安息之地却从未被人们发现，所以关于这一点的真实性也就从未被证实过。

　　梅林被分到了斯莱特林学院。事实上，甚至有人说，梅林是由霍格沃茨魔法学校的四位创始人之一——萨拉扎·斯莱特林本人亲自教导的。众所周知，斯莱特林对麻瓜出身的学生十分不信任，最后他在一片乌泱泱的争议声中离开了魔法学校。而梅林的观点却恰恰相反，他认为魔法师应该帮助麻瓜，并与麻瓜和平共处，这与 T.H. 怀特所写的一本很棒的小说——《曾经和未来之王》中梅林的形象相呼应。在这本小说中，一位魔法师宣称道："人类的命运是团结，而不是分裂。如果你们继续分裂，你们最终会变成一群猴子，各自站在不同的树上，互相朝对方丢坚果。"

　　这一信仰形成了梅林爵士团。梅林爵士团最初建立的目的是为了防止对麻瓜使用魔

法，后来，梅林爵士团逐渐演变成了一项奖励，被授予给那些冒着危险做出巨大贡献的魔法师。这项奖励也被用于改善魔法世界。梅林爵士团的这种变化可能是麻瓜世界与魔法世界逐渐疏远的一个标志。但梅林此人究竟是谁呢？

有那么一些中世纪的人可以被我们称作哲学家、贤者或先知。梅林显然就可以算作是他们中的一员。罗杰·培根等学者试图通过经验和理性来理解这个世界的运行方式。这个时期有一些哲学家成了中世纪社会的重要人物：格伯特，西方早期科学家之一，成了教皇；罗伯特·格罗塞斯特，一位非常能干的哲学家，也是中世纪晚期最大胆的思想家之一，后来成了牛津大学的校长；库萨的尼古拉斯成了布里森的主教。这些哲学家们所有的科学研究都是在业余时间进行的。

然而罗杰·培根和神秘的朝圣者彼得（他的名头听起来跟大法师梅林最为贴近）却是例外。罗杰·培根花了大笔金钱去搞科学研究。尽管得到了教皇的祝福，培根仍然因为他那些思想而被关进了监狱。朝圣者彼得是磁学实证研究的先驱，据他的崇拜者罗杰·培根说，"他不喜欢演讲和词句之争，而是追求智慧之作，并在其中找到平静"。

培根预言了轮船、汽车和飞机。他还预见了炼金术科学，"炼金术教会人们如何发现能够延长人类寿命的东西"。就是这样一位才华横溢的智者罗杰·培根，如此盛赞朝圣者彼得：

"他通过实验去了解自然科学，了解药物。如果有任何普通信徒认识他所不认识的土壤，他就会感到羞愧。从那些人那里，他掌握了如何铸造金属，学会了如何加工金、银和其他金属，还有多种矿物；他通晓如何当兵，熟知武器和狩猎；他曾研究过农业、土地测量及耕种；他还进一步研究了老妇人的魔法和算命术、所有魔法师的咒术，以及杂耍演员们玩的把戏和障眼法。他蔑视荣誉和奖励，因为这些会妨碍他完成伟大的实验工作。"

魔法师的来源

中世纪的"魔法师"们，如培根、朝圣者彼得和梅林，属于众多杰出的哲学家或先知中的几位。我们对早期的哲学家知之甚少。但在铁器时代，似乎有一些智者建立了宗教团体，这些宗教团体同时也是哲学学派。

于是，随着铁器时代文明的兴起，一种新的社会物种诞生了，即他们这样的哲学家。这些早期的思考者们的知识得以保存至今，拉斐尔还为他们画了一幅杰作，而关于他们的传说也流传至今，这些事实都表明了他们在古代世界中的位置有多么重要。

这些哲学家们的崛起是如此的不可抗拒，并且他们的崛起是个全球性的现象。在当时全世界发达的国家和地区中，许多地方都能强烈感受到铁器时代的影响。在中国古代，有孔子和老子的思想学说。在古印度，居住着佛陀，其中最著名的是释迦牟尼。在古老的巴勒斯坦，先知们和后来的智慧著作的作者，如《传道书》和《约伯书》的作者，都是在当时进行写作的活生生的人。在这些思想家和工作者之中，有许多人长期辅佐诸侯王公们，试图改革他们的政府，却徒劳无功。但很重要的一点是：他们都有一个共同的想法，即形成一种人与自然的世界观。

在一些传奇类型的作品中，梅林是国王的顾问。正如英国诗人阿尔弗雷德·丁尼生在其 1859 年创作的诗歌《梅林和薇薇安》中谈到魔法师时所说的那样，"……在所有时代中，梅林法师最负盛名，他懂得一切人类的艺术和技能，他为国王建造了庇护所、船只和厅堂，他还是一位吟游诗人，他了解天堂中的点点繁星"。而作为梅林传奇最初的来源，蒙茅斯的杰弗里在其 1152 年所著的《梅林传记》中这样写道："我了解事物的秘密，了解鸟儿的飞行，了解星星如何游荡，鱼儿如何滑行……所有这些都让我烦恼，让我那人类的心灵无法得到自然的休憩。"

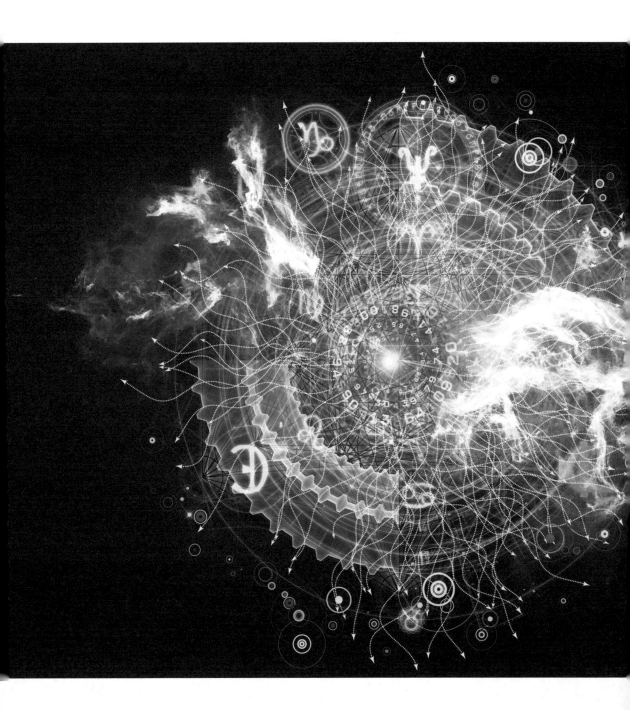

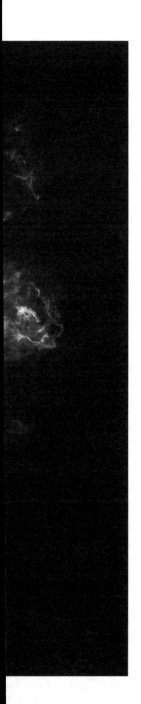

大法师梅林

传说中的梅林是亚瑟王神话和中世纪威尔士诗歌中最著名的魔法师。与梅林传说相关的主要历史记录，来源于蒙茅斯的杰弗里于 1136 年前后所著的《不列颠历史》。杰弗里创造性地将古代历史人物和传奇故事中的人物相融合，形成了自己作品的特色。在他的书中，他将北布莱顿的哲学家米尔丁和野人王这两个人物的现成故事融合起来（野人王与亚瑟王之间并没有什么关系），又融入了罗马裔不列颠勇士及领袖——安布罗修斯·奥雷利安努斯的故事。如此这般，杰弗里创造出了"梅林·安布罗修斯"这一人物，在威尔士语中，他的名字则是"默丁·埃姆里斯"。据说，梅林死后被埋在布列塔尼的布劳赛良德森林里。

杰弗里创作的魔法师故事立刻广受欢迎，尤其是在威尔士。杰弗里之后的作家们对他的叙述进行了加工润饰，赋予了魔法师们更加丰满的形象。梅林的传记将他塑造成了一个坎比人：麻瓜血统，生母是个凡人，她在梦中被梦淫妖所辱而生下了梅林，梅林则从梦淫妖那里继承了他的超自然力量和能力。梅林母亲的名字很少被提及，但据说是《布鲁特散文》最古老版本中的"阿丹"。在后来关于亚瑟王的极具创造性的相关记述中，梅林成长为一位崭露头角的圣人，并通过魔法和计策，成功谋划了亚瑟王的诞生。再往后的小说作者们仍然把梅林写成国王的顾问，就跟我们上面提到的老传统一样，当然，直到他被湖中仙女迷住并关起来为止。

"梅林"这个名字来源于威尔士语中的"Myrddin"，即威尔士诗人梅尔丁·怀尔特（Myrddin Wyllt）的名字，诗人梅尔丁也是后来梅林这位传奇人物的主要原型之一。和《哈利·波特》中的各种拉丁化词语一样，蒙茅斯的杰弗里在他的作品中，也将"梅林"这个名字拉丁化为"梅林纳斯"。而短语"Clas Myrddin"或"Merlin's Enclosure"则被认为是早期大不列颠本身的名称，例如在威尔士《三合颂》第三卷中就有这种说法。事实上，一些凯尔特文化学者认为，有一个城镇是为了梅林而命名的，这个城镇的名字在英语中是"Carmarthen"，威尔士语则是"Caerfyrddin"，威尔士名字"Myrddin"正是从地名"Caerfyrddin"衍生而来的。

梅林神话在英国文化中拥有如此强悍的地位，以至于人们认为是梅林创造了巨石阵。杰弗里在《不列颠历史》这本书中对梅林·安布罗修斯的生活进行了描述。杰弗里解释了梅林的许多预言，这些预言摘自他早期的著作《预言家梅林》。其中最值得一提的是，梅林创造了巨石阵作为奥勒利乌斯·安布罗修斯的埋骨之地。

那么，上面说了这么多，我们到底该如何结合历史的上下文来看待梅林传奇呢？我们谈到了基督教是如何在一千多年里让欧洲的科学黯然失色的。梅林传说应该是始于西方科学刚刚没入黑暗的那段时期。当基督教盛行起来的时候，凯尔特异教以及人与自然的亲密关系便没入了神话的领域。水和岛屿保持着它们的魔力。古老的魔法、人类和自然相处的古老方式，曾经人类如万花筒般的无限可能，现在统统被教会的教条所蒙蔽，只有像梅林这样睿智的贤者才知晓这一切。传说中的梅林让人想起了铁器时代的古代智者，他的名声与朝圣者彼得并驾齐驱，在那个信仰的黑暗时代中，为人们照亮了充满希望的未来。

谁是真正的最后一位大法师？

谁是真正的最后一位大法师？或许是阿不思·邓布利多教授？他以发现龙血的十二种用途和炼金术成就而闻名于魔法世界。又或许，如果你更偏爱黑魔法和食死徒那一方，你会更倾向于后来被称为伏地魔的汤姆·马沃洛·里德尔？里德尔是最强大的黑魔法师，他声称自己史无前例地拓展了魔法力量的边界。

事实上，最后一位伟大的大法师常被认为是艾萨克·牛顿。牛顿的作品美丽、简洁而优雅。人们普遍认为，他做出了有史以来最伟大的科学杰作。牛顿是 17 世纪英国的自然哲学家，是他首先发现了支配宇宙的物理定律。他创立了新的数学分支，征服了光的构成问题，领悟了支配整个宇宙的万有引力定律和运动定律。基于"宇宙中一切事物都能够被理性所理解"这一观点，牛顿开创了一个时代——牛顿时代。

1936 年，伦敦苏富比拍卖行拍卖了一叠数量巨大的牛顿私人手稿，这些文件已经对公众保密两个多世纪了。英国著名经济学家约翰·梅纳德·凯恩斯买下了 100 多份手稿，他发现牛顿的许多论文都是用密码写成的。接下来的六年，凯恩斯一直试图破译它们，他希望这些手稿能揭示现代科学创始人的个人思想。然而密码真正揭示出的，却是牛顿工作中的另一面，一个看起来远比表面上黑暗得多的另一面。因为在手稿中，凯恩斯发现了一个全世界都不知道的牛顿——一个痴迷于宗教的牛顿，一个异端和神秘主义实践的传播者。

炼金术士

牛顿的时代确实是变化无常的。在这个时代，英国经历了伦敦大火、瘟疫和一场内战，在仅有 500 万的人口中，有 19 万人死于内战。然而这个时代也见证了科学革命的曙光，科学和理性即将重新定义世界。

不过现代人对牛顿的看法恐怕与牛顿自己的想法相差甚远。他的私人手稿显示出，在成为剑桥大学教授的那一年，他还买了两台熔炉、一堆化学药品和一堆奇特的藏书。牛顿找到了他的炼金术。

炼金术在当时是违法的。在那些充满混乱和危机的绝望日子里，政府担心欺诈者们会用假黄金来破坏经济。而且，如果有人因实行炼金术而被捕，将受到严厉的惩罚。被免去圣职的炼金术士通常会被绞死。有时，他们会在被绞死前被迫穿上金属丝制成的套装，好让公众围观时的场景更加惊悚。

到了 17 世纪 70 年代中期，牛顿决定从科学的国际舞台上慢慢隐退，他发誓再也不发表科学论文了。相反，在剑桥大学与世隔绝的环境中，牛顿一头扎进了炼金术里。不过牛顿并不是想让自己发大财，他只是想搞清楚上帝本尊的想法。正如他在剑桥时的助手汉弗莱·牛顿所说的，"我无法深入了解到他的目的究竟是什么，然而那时，他的痛苦和他的勤奋都让我觉得，他的目标远远超出了人类艺术和工业的范围"。正统派的学者们认为，牛顿的炼金术毫无价值，但是这群人搞错了重点。对于牛顿来说，炼金术，是了解上帝本身的首选之路。

炼金术是中世纪时期关于物质的理论。这是一门为基本问题寻求答案的科学，例如，"地球是什么？宇宙是由什么组成的？物质的成分是什么？"为了寻找答案，牛顿查阅了最古老的文献。在他看来，古人曾经是了解大自然和宇宙的伟大真理的，这些智慧只是随着时间的流逝而渐渐消失了。但牛顿相信，自己是上帝在这个地球上的使者，自己的任务是找到隐藏在圣经和希腊神话中的密码，而他认为这种密码就是以暗语写成的炼金术配方。

牛顿的炼金术是研究自然哲学的一种神秘的方法，是早期现代化学的雏形。他用奇异的精神物质进行实验，并试图将物质从一种形式转化为另一种形式。

引力

或许牛顿仍在继续痴迷于炼金术，但到了 17 世纪 80 年代，以发现彗星而闻名的天文学家埃德蒙·哈雷问了牛顿一个问题，即行星会描画出什么样的曲线。哈雷和其他人开始怀疑，行星是被某种奇怪的力量吸引到太阳周围去的。哈雷的这个问题将永远地改变世界。在接下来的 18 个月里，牛顿致力于研究"行星是如何在太空中运动的"这一问题。他几乎不吃饭、不睡觉，也不见任何人。直到最后，牛顿创作出了他 500 页的著作《自然哲学的数学原理》。这一著作被许多人认为是有史以来最宏伟、最全面、最大胆的科学著作。牛顿在其中创立了一种世界体系，一套囊括万物的理论。他发现，月球绕地球转动、卫星围绕木星的运动以及炮弹在地球上的运动等，这些运动都有一个共同的原因：它们受同样的引力规律支配。在一次革命性的飞跃中，牛顿宣布，这种无形的力量在宇宙中无处不在。这，就是他的万有引力定律。

然而，牛顿并不清楚万有引力的来源。如果两个物体之间什么都没有，那么它们又为何会相互吸引呢？有一些学者认为，牛顿所说的万有引力和神秘的炼金术研究有关。当时牛顿痴迷于一种能让金属像植物一样生长的金属种植术，一些学者认为，这跟神秘的、看不见的万有引力有相通之处。

所以，最后一位伟大的大法师不是邓布利多，也不是伏地魔，而是艾萨克·牛顿。牛顿在他所从事的每个领域中都巧妙地运用了他的技巧。他是一个精巧且充满活力的缔造者，他同时涉足黑暗与光明。在他的《自然哲学的数学原理》这样的伟大著作中，以及在他大胆的实验中，牛顿都表现出惊人的才华。正如牛顿的传记作家理查德·韦斯特

福尔所说的,"我从未遇到过一个让我不愿与之相比较的人。我总能差不多合理地说,自己的能力是那人的一半,或三分之一,或四分之一,或不管怎样,总是个有限的分数。然而我对牛顿的研究结果让我确信,他,是无法衡量的。他已经成为一种完全不同的存在,他是极少数的、定义了人类智慧之层级的、至高无上的天才之一,一个我们根本无法以衡量同类的标准去衡量的人"。

赫敏的时间转换器如何工作?

想象一下这幅画面:赫敏站在耶稣行刑的十字架边,她张大了嘴,忍不住盯着现场看,那也许是历史上最有名的现场之一了。这就是时间旅行的一大作用,人们可以亲身去体验历史。不过,时间旅行者必须记住:不能做出任何破坏历史的事情。(快给自己提个醒:这次可不要扔石头了。)当周围人群被问到谁该获救时,赫敏应该和人群一起喊:"我们选巴拉巴!"突然间,赫敏意识到,这群人有些不大对劲:没有一个人来自公元 33 年,这群暴徒是一群来自未来的魔法师,他们用锁链、脚镣和冒着烟的魔杖把耶稣送上了十字架。

来自未来的魔法师现身在这里,他们不仅掺和进了这个场景,事实上,他们还改变了历史本身的结果。魔法师们自认为知道故事的发展方向:人们不会选择释放耶稣,而是要选择释放强盗巴拉巴。但这一决定之所以如此,正是因为魔法师们来到此处,见证了这一幕。如果他们没有干涉,那么耶稣会被释放吗?这种混乱的悖论恰好可以解释,为什么魔法部要围绕最常见的魔法师旅行方式——时间转换器,设置上百条的规则了。

时间转换器

这种时间旅行装置看起来就像一个项链上的小沙漏。沙漏反转几次,旅行者就可以回到过去几小时之前。一般的时间转换器由魔法部供应，里面封进了可以返回到一小时之前的咒语。这种内部封装的"一小时回溯咒"可以增加装置的稳定性，而且装置还限定了最长的回溯时间，大约是五个小时，这样就不会对旅行者造成过于严重的伤害。

还有一种"真正的"时间转换器，它能允许时间旅行者回溯到任何他们想去的时间，远远超出五小时的限制。只是很少有旅行者能在这样的旅程中幸存下来。1899 年，时间旅行者爱洛伊丝·敏塔布在 1402 年被困住了整整五天，当她回来时，她的身体已经衰老了五个世纪，并且受到了致命伤害。于是，关于"真正的"时间转换器的实验就被停止了。

麦格教授给了赫敏一个时间转换器，这样她就可以去听霍格沃茨课程表以外的更多课程。在那个学年的最后，她还和哈利一起，利用时间转换器及时回到了过去，救下了小天狼星·布莱克和巴克比克。

时间旅行悖论不仅存在于时间转换器旅行中，也存在于其他大多数形式的时间旅行中。这也是斯蒂芬·霍金教授不相信时间旅行的原因之一。他的论点是这样的："如果时间旅行真有可能实现，那么来自未来的时间旅行者在哪里？他们为什么不来拜访我们，告诉我们时间旅行的乐趣呢？"

时间旅行

干预时间一直是魔法师们的梦想。如果可以掌握时间，结果会怎样呢？如果"时间"这个吞噬美和生命的残忍家伙能够被驯服呢？魔法师的世界有四个维度，前三个维度都是空间的，时间则是第四个维度。时间维度与空间三个维度中的任何一个之间似乎没什么区别，只不过沿着时间维度移动的，是我们的意识。

在民间传说中有许多关于时间的故事，梦幻般的魔法与神话交织在一起，还有一些关于时间旅行机器的初步概念。时间旅行装置与时间本身的概念息息相关。古希腊人用两个词来描述时间,克洛诺斯和凯洛斯。凯洛斯一般是表示某个特定的时刻,在这个时刻,常常会发生一些特别的事情。而克洛诺斯则更多代表可测量的、连续的时间。自然哲学给自然带来了一种机械性的研究方法。克洛诺斯出现了,时间旅行装置也诞生了。

时间藏在以太之中,泼溅到了立体主义者的画布上。在毕加索和布拉克这样的艺术家所创作的绘画中,人们可以在同一平面上同时看到不同的视角。所有的维度都被用来给主体赋予了更强的深度感。电影捕捉到了时间,艾蒂安·朱尔斯·马雷的定格摄影也捕捉到了时间。这激发了马塞尔·杜尚的灵感,他画出了一幅极具争议的作品:《走下楼梯的裸女》。这幅画作通过连续叠加的图像来描绘时间和运动。美国人看到它的时候震惊了。

时空诞生了。爱因斯坦为我们提供了一个观察第四维度的新视角。他提出,运动中的时钟会走得相对缓慢些,因为引力会使时间变慢;并且,无论观察者

如何移动，光速都是相同的。这是关于时间的一场革命。萨尔瓦多·达利似乎对此感到担忧，而他的焦虑在他的名画《记忆的永恒》中表现得淋漓尽致。"柔软的时钟"是有史以来关于爱因斯坦引力扭曲时间理论最形象的例证。

时间转换器如何工作？

时间转换器是如何工作的？一种可能的方法是创造一个虫洞，来转换时间。美国著名科幻作家约翰·坎贝尔就是发明这种空间瓦普跳跃的人。在他 1931 年的小说《太空之岛》中，坎贝尔将这种瓦普跳跃作为从一个太空区域跳跃到另一个太空区域的捷径。而在他 1934 年所著的小说《最强机器》中，坎贝尔把这条捷径称为"超空间"，这也成了现在的一个常用词。

一年之后，世界著名诺贝尔奖获得者、科学家阿尔伯特·爱因斯坦和他的同事内森·罗森提出了时间旅行背后的科学原理。他们提出了能够解释空间桥梁概念的科学理论。很久以后，科学家们才开始称这些桥梁为"虫洞"。

假设我们创造了一个虫洞。虫洞是一个扭曲的空间区域，是一条能够穿越时间和空间的时空旅行捷径。但问题是，想要进行时间旅行的魔法师没法回到虫洞形成之前的某个日期。例如，如果一个魔法师在 1666 年 4 月 1 日成功地创造出了一个虫洞，那么他们无法回到 1666 年之前的时间点。所以，一定曾有某个了不起的魔法师，他在遥远的过去创造出了一个虫洞，好让时间旅行这整件事能进行下去。

那么虫洞是什么样的呢？它是一种漩涡状的宇宙隧道，就像在电影里，当有谁进行时间旅行时就会出现的漩涡那样。虫洞至少有两张嘴，连在同一个喉咙上。科学家们确实相信虫洞的存在，至少虫洞在理论上是成立的。而且，由于这一理论是爱因斯坦提出的，所以人们都很认真地对待它。物质有可能可以通过虫洞，从一张嘴传到另一张嘴。我们至今还没有找到过虫洞，但宇宙浩渺无垠，而且我们也还刚刚开始寻找。

科学是否也有极限，
就像罗琳的魔法极限那样?

　　大自然有它自己的魔法。在《哈利·波特》的世界里，魔法被描绘成一种超自然的力量，如果运用得当，魔法可以取代正常的自然法则。但是，因为大自然的规律是经过深思熟虑的，是经由一百三十多亿年的进化而形成的，所以明智的做法是，先搞清楚哪些魔法在什么情况下有可能取代自然规律。而且有传言说，这正是 J.K. 罗琳在出版第一部小说之前想搞清楚的。在写作前，她为自己的小说设定了魔法的界限，确定了魔法能做什么，不能做什么。罗琳在 2000 年说道："当你在创造一个奇幻世界时，最重要的事，是确定其中的角色不能做什么。"

　　所以，甘普基本变形法则有几条重要的例外。甘普法则是统御着魔法世界的法则，而食物，则是五大例外中的第一条。也就是说，魔法师可以使用魔法来烹饪食物，但是不能凭空变出食物。如果真有食物被无中生有地变出来，比如麦格教授那个能自己变出三明治的盘子，或者在霍格沃茨宴席上那些不断出现的成堆的美食，那么这些食物要么是被复制出来的，要么就是从别处搬运过来的。

　　魔法世界里也没有能快速致富的魔法师。罗琳曾说过，尽管在《哈利·波特》书中没有明确写明，但魔法师们不能凭空变出钱来。因为一个建立在可以凭空变钱基础上的经济体系会存在严重的缺陷，而且会引发高通胀。也许这也是为什么在书里，使用魔法石进行炼金术也被设定了限制的原因。这块魔法石的魔力被设定成极为罕见、甚至可能是绝无仅有的，并且魔法石的所有者也并没有力量去使用它。

让我们考虑一下爱和死亡。有一些魔法咒语在施放时需要注入情感。守护咒需要施法者专注于快乐的记忆。例如，当小天狼星差点就要被摄魂怪接触上时，哈利召唤出了一个实体化的守护神，哈利的意志力是这个魔法的重要组成部分。事实上，爱被描绘成了一种强大的魔法。邓布利多认为，爱是一种"比死亡、比人类智慧、比自然力量更奇妙、更可怕的力量"。在《哈利·波特与火焰杯》中，邓布利多还说过，没有任何咒语可以让人起死回生。当然，死人可以在魔法师的命令下被复活成僵尸，但他们只是没有灵魂的僵尸，没有自己的意志。无法起死回生这一限制在《哈利·波特》系列中被大量引用，一旦魔法师们想要超越这种限制，他们就会面临巨大的危险。

魔法师们也不可能长生不老，就算用上魔法石，甚至七个魂器，他们照样不可能做到。传说中死亡三圣器的作用，是让圣器的主人成为死神的主人。但即便如此，书里也暗示了，真正成为死神主人的那位魔法师其实是甘愿向死亡的绝对性低头的。

然而，死亡对于魔法师们来说仍旧充满了魅力。在神秘事物部里有一个房间，其中挂着一层神秘的纱，这层纱分开了生与死。很显然，那群不能说的人，也就是在那个部门工作的魔法师们，正在研究这道挡在生者与死者之间的巨大屏障。那么，科学也有极限吗？

科学、幻想以及"如果……会怎样？"的问题

幻想，是想象不可能之事的能力。科学也是如此。有些时候，幻想是一种探索想象世界的文学手段，从这个意义上说，它是一种理论科学。科学家们同样也会创造想象世界的模型，只是他们碰巧更爱使用数学进行创造。他们构建了理想化的宇宙，并着手调整参数，看看会发生什么。"如果……会怎样？"这个问题是科学与幻想共同的关键

所在。

如果魔法是真的会怎样？如果一个魔法师能变出一千种东西会怎样？如果他们真能挥动魔杖施咒会怎样？科学家们也在试图回答"如果……会怎样？"的问题。但他们的思考只能被限制在已知科学理论的范围内。幻想作家们的创作范围则要大得多。最棒的幻想著作会思考和讨论深刻的哲学或道德问题，例如灵魂分裂的形而上学、复仇的动力或关于爱与死亡的深层次问题。所有的大谜团都已经解开了吗？所有的大问题都得到解答了吗？真正伟大发现的时代已经过去了吗？是否存在一个标志着科学极限的终极"万物理论"？

早在 1968 年，斯坦利·库布里克就在电影《2001：太空漫游》中描绘了一种逐渐衰落的科学文化。这部电影描绘了一个由公司和技术主导的、黯淡无光的未来，然而这种反讽在某些人身上却产生了适得其反的效果。比尔·盖茨表示，《2001：太空漫游》激发了他对计算机潜力的憧憬。尽管如此，这种全世界都被大公司所控制的情况还是表现出了电影想要讲述的科学危机。

库布里克还有一个不成文的假设，即科学是无极限的。但也有一种观点认为，有一天，科学家可能会发现一个终极真理，于是，从此不再需要做更多的科学研究。甚至有人认为，这种情况可能很快就会出现，我们已经接近了科学知识的极限：物理学家在万物理论上取得了进展；生物学家几乎已经确定了地球上生命起源的进化过程；宇宙学家完成了宇宙创造理论；神经科学家正在寻求对人类意识的最终理解。

科学也对自身做了限制。爱因斯坦的狭义相对论对物质或信息的速度设定了上限；量子力学意味着我们对纳米尺度的研究只能是不确定的；混沌理论表明许多现象可能无法预测；进化生物学提醒人类，他们只是动物，而不是无情的寻找大自然深刻真理的机器人。

乐观主义者可能会说，这些限制是可以克服的。然而，许多终极问题可能永远无法回答。如果真的有所谓宇宙起源的话，我们可能永远无法探索宇宙的起源。我们可能永远也搞不清夸克和轻子是否仍由更小的粒子组成。我们可能永远无法理解地球上生命起源的必然性，或者宇宙其他地方是否存在生命。

然而，或许答案就在于机器。也许在不久的将来，人类将创造出人工智能机器，从而彻底改变我们有限的科学。在一个最雄心勃勃的方案中，智能机器将能够把整个宇宙转变为一个庞大的、整体的数据处理网络。也许到那时，当所有的物质都变成了思想，我们就能回答"为什么有东西存在，而不是什么都没有"这个终极问题了。对现在的人类来说，那就像是魔法一样。

什么样的预言是可能实现的?

"拥有征服黑魔头能量的人走近了……出生在一个曾三次击败黑魔头的家庭……出生于第七个月的月末……黑魔头标记他为其劲敌,但是他拥有黑魔头所不了解的能量……一个必须死在另一个手上,因为两个人不能都活着,只有一个可以生存下来……"

——《哈利·波特与凤凰社》

"如果说我们从发明和发现的历史中学到了一件事,那就是从长远来看,甚至许多时候从短期来看,即使是最大胆的预言,也显得保守到可笑。"

——阿瑟·C.克拉克,《太空爆炸》(1954年)

在《哈利·波特》的世界里,"预言"是先知所做出的预测。先知是拥有预见未来之天赋的魔法师。他们会不由自主地开始念诵出"预言",然后进入一种恍惚状态,同时用一种奇怪的声音说话。这样的一条预言会被保存在一个旋转的玻璃球体中,称作"预言球"。预言球是一种球状的物体,它看上去像是在里面包含着一团旋转的云雾,它们被存放在神秘事务司的预言大厅里。只有预言中提到的魔法师才能从大厅里拿走那份记录。许多预言记录在神秘事务司之战中被损毁了。

西比尔·特里劳妮教授是最著名的先知之一。特里劳妮是霍格沃茨学校的占卜学负

责人，阿不思·邓布利多见证了她留下第一个预言记录的过程。那条预言预见了一位魔法师的诞生，他将能够打败伏地魔，不过这个结果并不确定。预言接着说，伏地魔会把这位年轻的魔法师视为自己的对手，而在这位年轻魔法师和伏地魔两者中，一个最终会杀死另一个。当然，后来这个男孩被证实就是哈利·波特。哈利对这个预言一无所知，直到邓布利多在神秘事务司之战后把这个故事告诉了他。这条预言被证明是很有先见之明的。那么，麻瓜世界的预言又是怎样的呢？预言是可能的吗？如果不是，那么我们能做到的与预言最为接近的事又是什么呢？

麻瓜的预言

在麻瓜世界里，如果预言真的出现，那它也属于科学的范畴。科学不同于其他如人文、艺术或宗教之类的学科。科学以实际应用为中心，是一门关注事情如何完成，以及如何从实践中预测结果的学科。

让我们把科学看作是做事情的说明书。科学向你展示了如何完成某些任务，你是否需要做这些任务，以及当你这样做时会发生什么。这种简单的哲学有着巨大的力量。从根本上说，它是一种关于运动中的物质的哲学，是一种自下而上而非自上而下的、对自然和社会的描述，是一种通过了解自然的基本规则来实现变化的哲学。

我们再来考虑一下科学发展的方式。历史清晰地显示出了不同学科出现的顺序。一般认为，这个顺序是：数学、天文学、力学、物理学、化学和生物学。科学按照这一顺序兴起和发展，其动力在于对能够满足人类需求的实用技术的关注。这种科学发展的时间顺序十分有意思，它似乎非常符合社会进步的模式。请注意，这个顺序非常接近于统治阶级在不同时期，对科学的实际用途所抱有的期望（如果只是期望，而不是要求）。

在古代，人们出于对自然的关注而形成了技术，科学便来源于这些技术。例如，从人类有历史记录、并且发展出生产盈余开始，为了满足在税收和商业活动中进行计算的需求，或是测量土地的需求，数学便产生了。人们观测天空来确定四季，这对于人们了解应该在什么时候种植农作物以及理解一年的长势等，都是重要的因素。显然，正是从这些原本属于祭司的职能中，逐渐产生出了天文学。

直到很久以后，人类才对如何控制非生命体的物理力量产生了兴趣。在 18 世纪，新兴的制造商们最为感兴趣的是新纺织工业，而新纺织工业的需求催生了化学。像医学和生物学这样更加复杂的科学，则是通过人们对这些学科本身的研究而发展起来的。这些学科的兴起并没有得到来自于更简单的科学，如力学的任何帮助。革命性的发现引领了所有这些科学领域的发展。

当我们去思索这些按顺序产生的科学发现的具体案例时，往往会诞生出一些新的领域。在任何一门学科中，都可以找到一系列相关的发现。常常是一些突然的、革命性的发现，引发了一连串重要事件，于是使得以前曾被认为毫不相关的不同领域汇集到了一起，最终形成一个全新的科学领域。这样看来，几乎没有所谓的"预言"。

让我们考虑一下牛顿的"世界体系"这个例子。这是 17 世纪末艾萨克·牛顿创立的关于万有引力的万物理论。引导牛顿达成相关成就的一系列事件至少在一个世纪前就已经开始了。那时，哥白尼革命性地提出了日心体系，这使得伽利略的地球动力学实验与开普勒的天体力学结合到了一起，最终引导牛顿形成了全新的关于宇宙的机械世界观，这一世界观在 20 世纪初之前一直主导着物理学。

在牛顿的世界观中，宇宙是齿轮发条式的。物理学被视为最终的解释科学：人们相信，任何类型的现象都可以用力学来解释，宇宙是一台完美的机器，基本上是可以预测的。人们认为，力学定律可以告诉你下周三木星的确切位置。然而麻瓜们很快发现，秩序只是人类的梦想，而混乱，才是自然法则。

如果你想描述轨道上的行星，或者描述飞往土星的宇宙飞船之类的，那么物理学是很好的。然而，物理学对自然界某些方面的预测却很糟糕。湍流就是这样一个例子，空气流过机翼、血液流过心脏，甚至气候的变化，这些都是湍流。天气和气候等复杂系统的行为很难进行建模。即使你能理解它，你仍然不能做出精确的预测。天气预报几乎是不可能的。这是因为系统的行为严重依赖于初始条件，而极其微小的差异也会被严重放大。

混沌不仅是随机的，还是不可预测的。由于复杂系统隐含着无数微小的缺陷，这些细微差别很快就会产生影响，紧接着，这些小缺陷就会打败你那些详尽的计算。甚至十分简单的系统也会表现出不可预测的行为。所以，事实证明，你最多只能预测未来的几秒钟。

第二篇

技术手段与魔法装备

哈 利 · 波 特 中 的 科 学

The Science of
Harry Potter

科学家会是现代的魔法师吗?

"任何足够先进的技术都与魔法无异。"

这句话摘自 1968 年的电影《2001：太空漫游》的剧本，这部电影被广泛地认为是有史以来最有影响力的电影之一。电影剧本是由英国未来主义作家阿瑟·C. 克拉克与其他人合著的，或许这个剧本可以算得上是克拉克最有名的著作。上面这句话是著名的克拉克三定律之一，而另外两条克拉克定律也与魔法有关，一条是："当一位出色但年迈的老科学家说，某件事是可能的，他几乎肯定是对的。但当他说某件事是不可能的，那么他很可能是错的。"另一条是："发现可能性之极限的唯一方法，就是冒险越过它，进入不可能的领域。"那么，著名的克拉克第三定律是否会让科学家们成为现代的魔法师呢？要回答这个问题，让我们先考虑一下魔法与科学之间的关系。

什么是科学？跟魔法一样，科学是做某些事情的秘方。就像魔法一样，科学也是十分古老的，它已经发展了数千年之久，经历了许多社会和文化的变迁，发生了多次蜕变。在古典时期，科学仅仅是智者们工作中的一个方面。而到了中世纪，科学则成了炼金术士和占星家们的主要工作。

为了更好地比较科学和魔法，让我们先来看看支撑这两类技术的四大支柱。同魔法一样，科学是一种世界观、一种制度、一种方法、一个知识体系。为了搞清楚科学家是否就是现代的魔法师，让我们把科学作为一种世界观和方法论来分析一下。

科学的世界观

魔法和科学有着共同的起源。科学的世界观是影响我们对于宇宙的态度的最关键因素之一，它可以追溯至古代某些具有重大影响力的早期科学形式。在社会和文化最初起源时，科学的传承就已经存在，它与技术紧密相连，由匠人传授给学徒，由长者传授给新手。早在科学发展成为一种方法论之前，这一传承就已经开始了。并且这种科学的传承与人们的日常活动和民间传说是截然不同的。

在历史早期，人类尝试着去控制大自然。在原始世界里有大量的动植物，随着人类的迁徙，人们发现这些动植物种类繁多。我们"寄生"在一个不受控制的自然环境中。所以，人类必须要掌握一些技术，用来探索和理解自然，因为任何错误都可能是致命的。例如，火的保存和传播产生了烹饪这种简单的技术，而这项技术实质上属于化学的范畴。人们对植物和动物习性的观察奠定了生物学基础，而部落狩猎的战利品，则为人们积累解剖学知识提供了基础。但仅仅通过狩猎、采集和观察，这些技术的发展也就只能到此为止了。

魔法的发展填补了有限的早期技术所留下的空白。人类把动物当作魔法图腾。部落会使用图腾的图像或者符号，甚至用舞蹈的形式，来促进动物的繁衍生息。人类化兽师[⊖]可以变成动物，我们可以把他们称为早期的魔法师。只要遵循图腾的规则，部落就会繁荣昌盛。

图腾与某种特定的力量联系在一起。它们可能是神圣的，可能是禁忌的。人们必须小心对待这些图腾，否则就会打破自然的平衡。图腾带有某种魔力，或者说力量，这意

⊖ 化兽师是《哈利·波特》系列中虚构的可以变形为某种动物的魔法师。 ——译者注

味着它对人类的影响。这种图腾符号至今仍在格兰芬多的狮子、斯莱特林的蛇、赫奇帕奇的獾和拉文克劳的鹰身上有所体现。

魔法界的灵魂理论

早期的魔法师们所使用的方法，主要是去模仿和感知宇宙的运作。根据西欧洞穴艺术的考古学证据，这些魔法师们似乎从旧石器时代起就已经存在了。以法国西南部阿列

魔法师画像，来自法国西南部阿列日地区的洞穴壁画

日地区的洞穴壁画为例，那里的一幅壁画展示了一位魔法师的形象，他身上戴着鹿角、猫头鹰面具、狼耳朵、熊前腿和马尾巴。这样一位魔法师，确切说应是化兽师，他的价值可能在于确保狩猎的成功。

魔法师们最初通过象形画、后来则通过符号，来对他们认为可以转移到现实世界中的东西进行某些操作。一条不间断的线索将这些古老的符号与现代科学中仍在使用的符号连接在一起。

原始思维中还有另一个观点值得注意，即灵魂对现实世界的影响，这一点在某种程度上脱离了模仿或象征性的魔法范畴。灵魂的概念可能源于人们不愿意接受死亡的事实。早期灵魂的概念是非常世俗的，它们来自部落中去世的人。但这种观念后来逐渐发展变化，变成了人们必须通过做一些能够取悦这些灵魂的事情，从而赢得或重新获得灵魂，即后来所谓的"神"的青睐。

关于灵魂的旧观念就此分成了两种截然不同的形式。一方面，灵魂的概念转变成了一种全能的存在，或者叫作"神"，随后逐渐演化为宗教的中心概念。另一方面，灵魂的概念与人类这个源头分离开来，成了一种隐形的、自然界的代表，例如风，或是隐藏在化学变化以及其他关键变化背后的动力。在科学界中，灵魂的第二个概念即将极大地推动人们对于灵魂和气体的理解。

无知者眼中的魔法

科学与魔法互相交织的程度远比我们想象的要复杂得多。起初，部落里的大多数人都会参与魔法仪式。但是随着时间的推移，洞穴壁画展示出了部落中的化兽师形单影只的形象，他们打扮成动物的模样，似乎有着特殊的地位。在今天的许多原始部落中，仍然有巫医或魔法师。他们受到极高的尊崇，因为部落成员们认为，他们与自然和宇宙力量之间有着某种特殊的关系。在某种程度上，他们是超然于部落的日常工作之外的。作为回报，他们要为了部落的利益而施展魔法。他们是文化和知识的守护者。他们是哲学家和科学家的先驱，是文化上的直系祖先。

克拉克的第三定律呼应了雷·布莱克特在 1942 年所写的一篇故事中的一句话："对无知者来说那是巫术……对博学者来说，那只是简单的科学。"在整个 20 世纪和 21 世纪初，急剧加速的变化震惊了许多人——那些对科学一无所知、与这个时代的科学技术脱节的人。对他们来说，那些莫名其妙的科学就是现代的魔法，而科学家就是现代的魔法师。

科学家可以施展悬浮术吗?

对于每个麻瓜来说,要是看见有什么东西无缘无故地悬浮在半空中,他们一定会惊掉下巴,除非那个让东西悬浮着的人具有某种魔力。

几个世纪以来,在麻瓜中,拥有这样超凡技艺的魔法师和通灵者一直是一群了不起的人。然而,越来越多的公众敬畏起科学家来,因为他们的成就同样令人着迷。这些才华横溢的科学家们不断加深着人们对自然的了解,开发出各种各样利用自然的技术,来完成他们的壮举。

在《哈利·波特》系列中,悬浮术是魔法师们掌握的最简单的技能之一。魔法师们可以用许多种方法来实现悬浮术,比如使用悬停咒或锁腿咒,这几种咒语可以将目标抬离地面十几厘米,并朝着任何指定的方向移动。那么在现实世界中,麻瓜们又想出了什么方法来实现悬浮术呢?

悬浮术与重力

悬浮,就是要在空中以某种方式支撑起物体的重量。通常当我们谈论重量时,打个比方,我们会习惯性地说某个东西重 100 千克。但当我们这么说时,我们实际上说的是物体的质量。物体的质量不会因为地点的不同而变化,它是衡量一个物体中含有多少物质的物理量。

所有物体都具有自己的引力场，吸引着其他具有质量或能量的物体。物体的质量越大，它的引力场就越大，对于其他物体的吸引力也就越大。与地球上的物体相比，地球自身的质量非常大，因此它的引力场能够控制住地球表面或地球附近的物体。在地球的引力场中，地球吸引物体的引力与该物体的质量成正比。这种引力就是科学家所说的"物体的重量"。

为了让地球上的一个物体悬浮起来，必须找到一种机制来克服地球对这个物体的引力，也就是它的重量。或者，还可以找到某种方法来抵消地球引力的影响。比如在威尔斯1901年所著的小说《登月第一人》中，虚构的反重力物质"cavorite"就可以抵消地球引力。不幸的是，在我们这个非虚构的、没有魔法的世界里，人们认为不可能存在这样的物质，不过这一点并不能阻止一些工程师和科学家去做出尝试。

20世纪90年代中期，一项由BAE系统公司支持的名为"绿光计划"的研究项目开始启动，而这个项目的唯一目的，就是开发反重力技术。该项目的负责人罗纳德·埃文斯受到了关于重力控制以及重力推进等想法的启发。尽管在接下来的10年里，研究人员们热情满满地进行了大量的工作，但他们始终没有找到真正可行的反重力技术，这个项目于2005年正式结束。撇开反重力技术不谈，现有的一些技术可以克服地球对物体的引力。一个比较显而易见的方法是利用空气。

空气动力悬浮

如果我们需要让一根羽毛悬停在空中，很简单，我们可以从下面往上吹气。一般来说，羽毛越大、越重，支撑羽毛所需要的气流就要越大。不

过羽毛的形状和方向也很重要。然而，吹起一根羽毛并不能让人觉得有多厉害。

还有个把戏比吹羽毛更能让人印象深刻，那就是让乒乓球悬浮在弯曲的吸管口或吹风机口的气流中。从吸管中吹出的气流对乒乓球产生向上的力，能与球受到的重力平衡，又由于中心气流的流速大、压强小，周围气流的流速小、压强大，当球被气流吹得偏离中心位置时，会在压强差的作用下被压回中间。但如果偏离太多，球也会掉下来。

如果气流更大些，我们还可以让沙滩排球悬浮起来。这种方法不仅对球形的物体有效，我们还可以使用更强力的气流，让螺丝刀、鸡蛋、灯泡、试管和小瓶子等都悬浮起来。我们甚至可以让人悬浮在空气中，不过要做到这一点，需要使用一种略微不同的方法。

当跳伞者跳出飞机时，他们在空中向下坠落。随着他们下落的速度加快，空气阻力也会增加，直到阻力与把他们往下拉的重力平衡。由于向上和向下的力保持平衡，跳伞者就不会再获得任何额外的速度，也就是已经达到了极限速度。

如果有足够的空气向上推，且推动速度与跳伞者的极限速度相等，那么跳伞者的重力将与气流产生的向上的阻力平衡。这会导致跳伞者悬浮在半空中，这就是室内跳伞中心的工作原理。

虽然大大小小的物体都可以通过空气动力悬浮起来，但利用强风使物体悬浮的做法恐怕不太实际，因为这种方法可能噪声过大，而且容易损害悬浮物。那么，下面这种悬浮技术也许会更好些。

声悬浮

声悬浮是一种仅利用声波就可以举起并移动物体的技术。声波由不断变换的高压和低压区域组成，分子或是被推到一起（压缩），或是被分离开来（稀疏）。连续压缩或连续稀疏之间的距离被称为波长，而波在一秒钟内通过某一点的次数被称为声波的频率。

声波可以对其接触的表面施加压力。这种压力被称为声辐射压力或声辐射力。如果超声波的振幅足够大，那么它就可以携带足够的能量来悬浮物体。

使用扬声器或换能器可以产生频率高于 20000 赫兹的声波，这种声波被称为超声波，因为它超出了人类听力的极限。和任何声波一样，如果这些超声波遇到其他声波，它们就会相互作用，产生一种由波叠加组合而成的新波形。如果相同的声波在朝相反方向传播时相遇，那么这种相互作用或干扰可能会产生驻波现象。

在驻波中，某一些点上的压力会在最大和最小之间变化，这些点称为波腹。还有一些位于波腹之间的点，称为节点，在这些点上，压力完全没有变化。这些节点代表驻波中的稳定区域，只要物体足够小，且足够轻，就可以在其中悬浮。人耳能听到的声波的波长大约为 17 毫米或更小，而悬浮物的大小通常需要限制在声波波长的四分之一到一半以内。因此，在这种类型的超声波驻波中，通常无法支撑大于 4 毫米的物体。

利用这个系统，可以让泡沫塑料球、水滴、蚂蚁、瓢虫和小鱼等悬浮起来。使用有多个扬声器声源的系统还可以浮起小螺丝钉、火柴杆等物体。通过控制每个扬声器的声音输出，可以使物体悬浮在稳定区域，也可以让物体四处移动，这看起来很像锁腿咒。

那么，能不能像赫敏在《哈利·波特与魔法石》中所做的那样，让羽毛在空中漂浮起来呢？好吧，让我们把这个问题交给阿西尔·马佐，他在英国布里斯托大学研究声悬浮技术。他以前从来没尝试过，但在我们向他提出请求的几周后，他给我们发来了一个视频链接，是的，在这段视频中，一根羽毛成功地浮了起来。羽毛只有大约一厘米宽，但这确实证明了声悬浮可以产生类似于悬停咒的效果。

抗磁悬浮

你大概已经很熟悉磁性对于含铁材料的影响。铁是一种铁磁性材料，会被磁场强烈吸引。钴和镍也是具有铁磁性的材料。

　　铁磁性是最常见的磁性形式，但也有其他形式的磁性，比如顺磁性和抗磁性。顺磁性材料会较弱地受到外部磁场的吸引力，而具有抗磁特性的材料则会受到外部磁场的排斥。

　　抗磁性能够作用于所有材料（而不仅仅是金属），使它们在足够强的磁场中受到相对较弱的排斥力。这能够使物体在足够强的垂直磁场中悬浮起来，例如可以悬浮起小青蛙、蟋蟀和老鼠。

　　当我们想让青蛙悬浮起来时，我们并不是要对它施加最强的磁场。虽然强磁场会给青蛙提供上升的力，但它不能让青蛙保持在悬停的状态，因为会很快发生不稳定的情况。这是因为，在垂直轴上有一个稳定区域，抗磁物体只能在这个稳定区域内悬浮。所以为了实现悬浮，需要将磁场调整到误差仅有百分之几的精度。支撑青蛙飞行的理论是在 20 世纪 90 年代，由物理领域中领先的理论家、英国教授迈克尔·贝里提出的。

　　然而，要创造一个大小足够容纳一个人的稳定区域仍然是一个问题。想要悬浮起一个人，你需要一个功率大约 100 兆瓦的磁体，还需要一个直径 60 厘米的中心空间。对比一下，在超导磁体中心里，用于悬浮小鼠的实验悬浮空间的直径仅为 60 毫米。

那么，科学家有可能演示出悬浮术吗？

　　答案是肯定的。在较小的尺度上，声悬浮可以用来悬浮和操纵物体，但需要使用一个传感器阵列来传送声波，并且悬浮物的大小仅限于大约 4 毫米以内。抗磁悬浮技术有所改进，它能够悬浮起包括小动物在内的大一些的物体，但仅限于在特定的稳定区域内，且不适用于更大的物体。此外它还需要一块体积巨大的强力磁铁才能工作。对于更大的物体，空气动力悬浮是最有效的方式，只是这种方式依赖于一股强大的气流，所以又相当不方便。无论如何，悬浮术是真实存在的，而且是一个非常活跃的研究领域。

一把飞天扫帚能有多危险?

说到个性化的交通工具,麻瓜们已经做到了。我们有滑板、旱冰鞋、赛格威平衡车、自行车、摩托车、汽车、机动滑翔飞翼,甚至喷气背包。尽管已经有了这么多个性化的交通工具,我们却仍然没有选择类似于飞天扫帚的交通方式。这并不奇怪,因为那看起来就像在骑一辆没有车把、座椅柱和座椅的自行车。

乍一看,你可能会觉得骑扫帚是魔法师生活中最不舒服的一部分,但其实不是这样。为了避免骑扫帚不舒服的问题,魔法师们施了一个缓冲咒,用来代替座椅。那么,飞天扫帚作为日常交通工具可能会带来哪些危险呢?

梦幻飞行

魔法师骑着扫帚飞行这个想法已经有 500 多年的历史了,他们也并不总是被描绘成飞在空中、扫帚头朝向身后的样子。有时候也会把扫帚头画在前面,就像是骑木马那样。让我们从一开始就明确一点,那就是,普通扫帚是不能用来载着人在空中飞来飞去的。不管扫帚的形状、材料或设计如何,都没法让人觉得它是一种好用的飞行装置。

传统的扫帚由一根结实的木杆和一簇用来扫地的细树枝组成。这些细枝通常来自于一种名为"broom"(即金雀花)的灌木,我们对"broom"一词的使用很可能就来自于

这种灌木[⊖]。当时，扫帚的枝条大多数呈锥形排列，但从 19 世纪开始，高粱枝条做成的扫帚开始流行起来，尤其是在美国。这种扫帚的扫帚头一般被做成一个扁平的锥体，它是由特殊的机器所制造的。

在《哈利·波特》系列中，扫帚头是用桦树或榛树等树枝做成的。在 J.K. 罗琳的 Pottermore 网站上提到，"桦树扫帚的爬升感更佳，而榛树扫帚则是喜爱急速转向之人群的首选"。第一种似乎能提供更多动力，而第二种则能提供更灵敏的转向功能。如果要使用麻瓜的技术，那么具备这些属性的细长形飞行器就是导弹和火箭了。

火箭的动力来源是发动机。在发动机中，燃料与氧气相互作用燃烧，产生的高温气体从火箭尾部排出。当气体被向后喷射时，会对火箭产生大小相等方向相反的反作用力，以此推动火箭前进。不过，火箭动力的扫帚并不是最好的运载工具，因为它无法在载人的情况下水平飞行，除非它的升力是以其他方式产生的。此外，它会一边以惊人的速度飞行，一边从后面喷出熊熊火焰，这绝对是个安全隐患。

有一款顶级扫帚"火弩箭"，书中对它做了如下描述："它是最先进的竞赛扫帚。'火弩箭'具有无与伦比的平衡性和精确性，具备空气动力学上的完美性。"据说它能在 10 秒内将速度从 0 提升到 240 千米 / 时。

在高速行驶时，摩托车手会将身体尽量蜷缩起来，以面对迎面而来的空气，从而减少加在身体上的空气阻力。这应用在飞天扫帚上可能也是必要的，因为扫帚骑手似乎完全暴露在所有迎面而来的空气中。事实上，与空气施加在骑手身上的阻力相比，扫帚本身的形状或空气动力情况不会产生很大的差异，除非它能施展魔咒来保护骑手不受到任何不必要的空气动力影响。

在摩托车上可以看到类似这种保护咒的非魔法装备，那就是一块符合空气动力学的挡风玻璃，当骑手们快速骑行时，可以缩进挡风玻璃后面。为了增加安全性，他们还从

⊖ 英文单词"broom"有"扫帚"和"金雀花"两种意思。 ——译者注

头到脚都穿着防护装备，而魁地奇球员似乎也只会在身体上的某些部位穿上装备。

稳骑于扫帚之上

学过骑自行车的人都知道，首先要学的，是如何骑在自行车上。光坐在上面是不够的；自行车只有在运动中才能保持直立，或者车上骑着特别擅长保持平衡的人。自行车缺乏横向稳定性，好在地面提供了支撑，因此骑手只需用脚蹬地，来防止自行车向左右两边倾斜。那么飞天扫帚又是怎样运行的呢？

两者的主要区别在于，飞天扫帚似乎可以悬停在半空中，自由地向各个方向旋转。它可以左右旋转（称为偏转）、上下旋转（称为俯仰）或左右移动。如果没有任何支撑，那么扫帚杆就会相当不稳定，需要骑手掌握大量的平衡技巧。但鉴于纳威·隆巴顿在第一次扫帚骑行时就能够保持平衡（当然，这是一次危险的经历），我们可以推测出扫帚杆中一定有某种内在的东西——某种特殊的咒语或其他魔法效果，帮助骑手保持平衡。例如，关于火弩箭的描述是：配有"地精制造的铁制品（包括脚踏、支架和扫帚枝条带）……这些配件能够在恶劣的天气条件下赋予火弩箭额外的稳定性和动力"。

然而，内置稳定性不仅是一项魔法发明，麻瓜们也已经制造出了各种各样具有这种能力的机器。但麻瓜们用的不是魔法咒语，而是计算机编程。一个重要的例子是名为"赛格威"的个人交通设备，它在有或没有骑手的情况下都能够保持自身平衡，这一功能是由嵌入在其组件中的复杂编程模块来实现的，这几乎就是科学的魔法。

因此，在某些方面，飞天扫帚可以与自行车和赛格威平衡车上使用的技术做个类比。骑上扫帚杆的方式与骑自行车相似，需要同时保持直立和平衡，就像赛格威平衡车一样。然而，尽管它有内在的稳定性，骑手仍然必须在飞行途中保持自身的平衡。任何颠簸、速度或方向的突然变化等情况，都有可能使骑手从座驾上摔下来，尤其是在高速飞行时。当然，你的扫帚座驾也有可能遭到人为破坏，甚至遭到"扫帚诅咒"。

最糟糕的情况是什么？

通常速度越快，失控的后果就越严重。如果你并没有因为跟人、墙壁或游走球高速碰撞而直接受伤，那么，由此产生的撞向地面的后果也肯定会让你难以承受。正如俗话说的，你不会因为下落而丧命，让你丧命的，是突然停止。

对于麻瓜来说，汽车不仅会对驾驶者构成风险，也会对行人造成伤害。例如在 2015 年，美国有 7 万名行人因车祸而受伤，5376 人丧生。从 2011 年到 2015 年，英国约有 1% 的行人死亡是由骑自行车的人造成的。人们付出了巨大的代价才记住了这一点：在面对脆弱的人体时，几乎所有的车辆都可能成为危险的武器。同样，车辆越快或车身越大，车祸就越有可能危及生命。

那么，扫帚会造成什么样的危险呢？ 1888 年，在英国南威尔士，有一个关于扫帚导致死亡的都市传说。在一场两位女士的争吵中，一位女士扔了一把扫帚出去，当场杀死了受害者。验尸报告确定了受害者颅底骨折。犯罪者随后被判"扔扫帚以进行挑衅"罪。

之后，在 1901 年的洛杉矶，一位年轻女孩被扫帚刺穿了身体。她和几个朋友在干草堆上玩耍时摔了下来，落在了翻过来的扫帚上，结果将近一英尺（约 30 厘米）的扫帚刺进了她的腹部。报道称，这起事故可能会导致女孩死亡，结果如何姑且不论，这里只是为了说明扫帚有多么危险。

从这个角度来看，魁地奇比赛可能是致命的，尽管 J.K. 罗琳说，人们很少在比赛中死亡。在《哈利·波特与密室》中有一段情节，哈利·波特被一个游走球追着跑。在电影版中，我们看到哈利·波特从尖叫的人群中飞过，人们纷纷向后躲避。从扫帚可能会给人带来的伤害看，这场追逐的潜在后果是灾难性的。

说到这里，魔法师们拥有强大的法术，可以立即治愈很多不幸的伤患。而在麻瓜世界里，医生们同样令人惊叹，只不过治愈伤患需要更长的时间。曾经有一名男子被扫帚刺穿了脸颊，并向下穿进了锁骨。虽然留下了伤疤，但他现在还活着，而且还在愉快地讲述自己的故事。

安全隐患?

所以,假设麻瓜可以坐着扫帚飞起来,那么我们必须确保扫帚的推进方式本身不会造成危险。例如,火箭推进肯定是不行的。另外,不管座驾是否具备内部稳定性,骑手都需要在扫帚杆上保持好平衡,还要抓紧扫帚,以免掉下去。对付空气阻力也将是一场战斗,因此骑手需要摆出很好的姿势,以便在高速飞行时能保持流线型。

如果骑手对扫帚失去控制,那么就需要有安全措施来保护人们不被扫帚刺穿。可以给附近的人(比如魁地奇比赛的观众)生成一层盔甲。更好的做法是装一个"开关",如果骑手失去控制或从扫帚上摔下来,开关就会自动让扫帚停止飞行。不管怎样,飞天扫帚看起来确实很危险。

所以,要是有人给了你魁地奇比赛的前排座位票,你应该三思而后行。

麻瓜能造出会飞的汽车吗?

你和一位朋友坐在伦敦的邮局大楼旁,在那里度过了轻松的一天。这是个美好的日子,天空碧蓝,随后一道闪光吸引了你的目光。你觉得那好像是一架低空飞行的飞机。但是等等,那并不是飞机,它看起来更像一辆旧车!

可当人们抬头看时,它却神秘地消失了。人们根本不相信你的话,反而建议你去跟毒性物质管理部做个约谈。但你很笃定自己确实看到了那个东西,并决心深入研究一番。于是,在没有魔法来做解释的情况下,你掏出手机,看看互联网上对此有何评论。

飞翔的汽车

第一批真正的汽车是重型的、以蒸汽动力驱动的汽车。直到第一台内燃机出现时,这种情况发生了改变。如今,这种内燃机仍然是汽车上使用最为广泛的动力源。1903 年,在第一台内燃机问世将近一个世纪后,莱特兄弟成功地演示了空中动力飞行。

在莱特兄弟取得成功后的十几年里,一个名叫格伦·柯蒂斯的人开发出了飞行汽车。这种飞行汽车就是将一个三翼飞机的机翼加装在汽车车身上,再装上一个机尾和一个后置螺旋桨。这将是世界上第一辆飞行汽车,如果它真能飞的话。然而,它只是蹦跶了几下,随后第一次世界大战就到来了。

从那时起，出现了许多类似的交通工具，它们被称为公路飞机。其中一些是由飞机改造而成的，在着陆时可以将机翼、螺旋桨和尾部拆卸下来变成汽车。其他的基本是在汽车上添加飞行部件，让汽车变成飞机。如果你看到其中一辆在空中飞行，你唯一合理的说法就是："看，那是一辆会飞的汽车！"如果你对这件事抱有怀疑，那你可以去看看20世纪40年代中期的ConvAirCar，或者AVE Mizar，它的发明者在1973年撞毁它后不幸去世。

在公路飞机这条路上，发生了不少与飞行相关的事故。20多年前，飞行汽车的设计师莱兰·布莱恩不幸逝世，原因是他所驾驶的飞行汽车上，有一个机翼部件没有固定好。这是一款特殊的、可以在地面上行驶的"飞机"，其不同之处在于，它的机翼可以折叠在机身周围，以便在路面上行驶，并且能够节省空间，这样就不需要依赖机库去存储飞行部件了。幸运的是，对于哈利·波特和韦斯莱一家来说，福特安格里亚105E并没有安装可能出故障的机翼，因为它是通过其他方式来飞行的，尽管哈利从没上锁的车门里掉出来也同样危险。

乘翼而飞，祈祷多福

尽管可能存在危险，麻瓜发明家们并没有望而却步。现如今，最有前途的飞行汽车候选车型差不多就是20世纪中期那些车型的复杂版本。例如，Terrafugia的车门（我们也可以把它称为平翼，毕竟我们在讲飞行汽车）能够在侧面折叠，类似于布莱恩设计的飞行汽车，而新型Aeromobil使用的车翼则可以沿着它的长边向后折叠，像黄蜂的翅膀一样收拢起来。

上面这些飞行汽车有个共同点，那就是要利用车翼来抬升车身。从过去到现在，这一直是飞行器最常见的飞行方式。然而利用车翼来升空的方法有一个问题，就是需要具有一定长度的跑道，以便起飞和着陆，而且还需要足够宽的道路来容纳翼展。

想要起飞，飞行汽车必须先达到一个特定的速度，即起飞速度。飞行汽车需要一定的起飞距离才能从静止状态加速到起飞速度。在这种起飞速度下，车翼周围的空气可以提供足够的升力来克服飞行汽车的重量，使其升入空中。

然而，一旦升空，飞行汽车就不能再靠轮子向前运动了，因此必须切换到另一个动力源。这就是为什么它们几乎总是配备螺旋桨的原因。如果飞行汽车减速，车翼产生的升力将减少，但如果减速过快，车翼产生的升力将不足以支撑飞行汽车的重量。简单地说，飞行汽车会以滑翔或撞击的方式落回地面。

如果韦斯莱兄弟选择了一种不那么魔法的方式，弄来了一辆飞行汽车版的福特安格里亚105E，那么，从德思礼夫妇手中营救哈利的过程就会完全不同了。首先，兄弟俩肯定不可能在哈利的卧室窗外盘旋。不过我也很确定，肯定有某条法律禁止这种事。其次，他们必须在房前的路面上着陆，这里我们假定路面足够宽，可以容纳下车翼，而不会损坏路边停泊的汽车、路灯或者邻居家巨大的造型绿植。

所以说，虽然车翼能用，但仍有缺点。我们想要的是一辆可以悬停的飞行汽车，而最适合的是垂直起降飞机。

垂直起降飞机

直升机是最受人们认可的垂直起降飞机，但它们不太适合在道路上长距离行驶，或者在一排种着草坪的别墅外面盘旋，尤其因为它们的桨叶暴露在外面，十分危险。因此，人们更多地关注内装型的叶片，比如导管风扇或是内装螺旋桨。

导管风扇是一种安装在圆柱体内部或是管道中的风扇。通过直接改变风扇的角度，或者使用类似襟翼的叶片来改变空气流出风扇时的方向，既可以产生升力，也可以产生推力。在较低转速下，导管风扇也比一般风扇更加安静、安全、高效，同时具有更高的推力重量比。这对于飞机设计来说十分方便，因为飞机设计的一个关键目标就是在不降低性能的情况下减轻重量。

有一款飞行器使用了这项技术，它就是极具未来感的 Moller M400 空中汽车。为了安全起见，M400 仅仅在被拴在起重机上的情况下试飞过，即便如此，它也没有载人，而是通过远程控制来进行操作的。一个主要问题是飞行器的稳定性，然而目前这家公司正专注于研发其他型号的飞行器。M400 的设计师保罗·莫勒希望，将来可以用 M400 这样的飞行器进行救援活动。例如，他们可以把飞行器停在建筑物旁边，让处于危险中的人（或被囚禁在房间里的人）进入飞行器，然后再将其送到安全的地方。

所以，个人垂直起降飞行器确实已经有了——至少已经有了原型。但是，原型机要想成为商用机，必须获得航空管理机构的认证。

叛逆者罗恩

在全世界，麻瓜们都制定了严格的交通法规，车辆制造商们必须遵守这些法规。在飞行领域里，这些法规则由各个国家的航空管理局，如英国民航局（CAA）或美国联邦航空管理局（FAA）进行制定和调整。这有助于确保统一的安全水准和消费者保护标准。

一种愿景是在未来的某一天，飞行汽车会像今天的汽车或公交车一样，成为常见的交通工具。考虑到 2014 年英国有 4550 万活跃的驾驶记录，这种交通方式相对容易获得执照。不过，想要开飞行汽车，你得有一张飞行员执照，这可就需要投入更多的时间和金钱了。

罗恩觉得，开着他父亲的福特安格里亚 105E 出去兜风是个好主意，可这违反了麻瓜的法律：未成年人；无照驾驶。更不用说他还在打人柳上紧急停车，差点害死了哈利和他自己。不过就算有驾照也并不能完全保证安全。即使驾驶员在进行飞行和驾驶前必须得先考执照，也仍然无法避免交通事故，无论是因为人为错误、技术错误还是天灾。

为了克服潜在的人为错误，也为了省去飞行汽车的车主考飞行员执照的麻烦，自动驾驶是个理想的选择。许多公司都在推动这项技术的发展。一旦这项技术建立起来，它无疑将成为未来所有飞行汽车的必要功能。这也为飞行汽车无人驾驶创造了空间，让飞行汽车能够在没有飞行员的情况下到处飞，就像福特安格里亚 105E 在把哈利和罗恩弹射出去后，或者在营救他们时那样。因此，在这个方面，技术正在实现一般只有在魔法世界才有可能做到的事。

结论

简短的调研完成了。现在你可以把手机放在一边，根据上面看到的那些内容来做评判了。你刚才看到的那个东西身上没有可见的机翼或者螺旋桨，如果它用的是导管风扇，那肯定是一种之前没见过的可静音的类型。到这里，初步可以认为那大概是个 UFO，除非你在网上搜到了样子差不多的汽车，让你确定它有可能是 1960 年产的福特安格里亚105E。

回想起关于最近当地发生的怪事的报道和谣言，你得出一个结论：一定是有什么麻瓜的主流科学无法解释的事情发生了，或者你朋友所说的"你喝高了"的说法是对的，你最好别再喝黄油啤酒了。不管是哪种情况，飞行汽车都确实存在。只不过，在飞行汽车能从我们的前院起飞之前，我们还得克服许多障碍。主要问题包括：第一，必须得有一款符合法律规定的、既适合公路又适合空中的飞行汽车；第二，必须有全国性的基础设施来支持飞行汽车的相关需求，比如起飞、停车和空中交通管制等。也有可能你找错了地方，或许禁林是个更好的地方。

科学能制造出穆迪的疯眼吗？

要选出最坏的魔法师，你会投谁一票？当然，邓布利多、伏地魔和斯内普除外。也许是小天狼星·布莱克？小天狼星看起来像是奥兹·奥斯朋和弗朗西斯·福特·科波拉所导演的电影中的德古拉。或者可能是盖勒特·格林德沃，那位才华横溢、名气响亮的长老魔杖的持有者，他被称为史上第二强大的黑魔法师，这可是个大头衔。又或者，你选择的是"疯眼"。

——阿拉斯托·穆迪

"疯眼"是一位魔法大师，无论是进攻魔法还是防守魔法，他都十分精通。他被许多人认为是最强大的傲罗[⊖]。在第一次魔法师战争和它后续的余波中，"疯眼"与数十名食死徒战斗，击败了他们。伏地魔认为疯眼是一个十分致命的敌人，因此，在七波特之战里保护哈利的七个强大魔法师中，伏地魔特意把疯眼当成了自己的首要战斗目标。

当然，穆迪最出名的是他的疯眼。那是一个魔法假眼球，用来代替他在战斗中失去的一只眼睛。这只假眼是一个电蓝色的球体，搁在穆迪的空眼窝里，可以在他的脑袋里

⊖ "傲罗"是《哈利·波特》中的一个魔法职业。　　——译者注

旋转 360 度，使他能够看穿任何东西，无论那东西是木头，还是隐形斗篷，甚至是他自己那把疯骨头。事实上，这只眼睛似乎是专门为穆迪设计的，因为当小巴蒂·克劳奇戴上它时，这只眼球没完没了地打起了转，停不下来。

那么疯眼的全部功能都包括哪些呢？在电影版《哈利·波特与火焰杯》里，疯眼具有变焦功能。事实上，疯眼的力量足以穿透死亡圣器之一的隐形斗篷，据说，这件斗篷能赋予其主人真正的隐形能力，这说明疯眼确实是一件十分稀有的法器。疯眼的起源一直不为人所知，它可能是一种古老而强大的上古神器，能够与死亡圣器相匹敌——如果在名声或神话地位上尚且不敌，但在力量上肯定可以。

麻瓜疯眼

那么，制造出麻瓜疯眼的可能性有多大？其实在我们生活的这个时代，麻瓜的科学技术已经可以帮助盲人恢复视力了，其背后的科学原理非常简单。这项技术的工作原理是将外部安装在眼镜上的摄像头与复杂的嵌入式视网膜相结合。在摄像头中内置有微型芯片，能够解释它所看到的影像，并将视觉影像数据无线传输到嵌入式视网膜上。在嵌入式视网膜上装有 60 个电极，可以将视觉信息传送到视神经，再通过视神经识别光线、形状和运动。用这种方法产生的视觉效果和一般的视觉效果并不完全相同。通过使用这种设备，眼睛受伤的麻瓜可以看见对比度和物体的边缘，不过只有黑白两色。眼睛中的细胞受损会使人丧失看见光线和颜色的天然能力。但是，通过持续使用这种设备，大脑能逐渐学会如何理解收到的信号，并将其转换为图像。设备的使用者可以阅读书籍，穿过街道，或者多年来第一次看到他们孩子的照片。不仅如此，现在世界各地的学者都在努力改进他们所谓的"视网膜修复系统"，或者叫麻瓜疯眼。下一代麻瓜疯眼将使用改进后的算法来测量电极数据，让使用者能够看到颜色，而看到的图像也会更加清晰，还可以像电脑屏幕一样改变画面的分辨率和亮度。新型的麻瓜疯眼装有更多的电极，这意味着图像分辨率会更高。未来，可能将会有全功能的麻瓜疯眼上市。

在眼科技术中，下一件要做的大事是绕过眼睛，让影像直接进入大脑。这场技术革命将绕过视网膜层，直接将设备植入大脑的视觉区域，对成百上千万视力受损的麻瓜来说，这意味着一个巨大的突破。新的眼科技术可能无法让人看穿木头、隐形斗篷或麻瓜的后脑勺，但这种设备可能会实现某种超人的能力，例如望远镜功能，就像穆迪疯眼具有的变焦功能一样。

麻瓜的大脑可以逐渐学会如何解读照相机强大的变焦功能。这意味着，麻瓜疯眼的使用者可以学会怎样比正常肉眼看得更近或更远。它还会拥有更多的超人功能。它将能够看见更广的电磁光谱区域，这不仅包括我们惯常的可见区域（从红色到橙色、黄色、绿色、蓝色和靛青色，再到紫色），还包括红外区域。这意味着麻瓜疯眼不仅具有热感测的能力，它甚至能够看穿物体！

所以在未来，麻瓜可能会变得有点像电子人，或者说行走的科学实验室。通过麻瓜疯眼，我们可以装上一整套应用程序和设备。一款 X 射线视觉应用程序可以让麻瓜新兵们在战场上探测地雷。溺爱孩子的父母可能会装上一款麻瓜疯眼 App，让他们能够检测孩子卧室里的有毒气体，就像一氧化碳报警器那样。

麻瓜疯眼甚至可能超越穆迪疯眼的魔法。由于影像会直接投射到麻瓜大脑的视觉区域，我们可能会看到从未想象过的东西。我们或许可以看见，人体上有数百万微生物正在爬行。因为麻瓜疯眼永远不用睡觉，它可以在一天中的任何时候保护我们，也可以在晚上发生危险或外面天亮时叫醒我们。麻瓜疯眼还具有 WiFi 功能，使用者可以记录他们的日常生活，并直接在线传播。哦，对了，你最喜欢的电影或电视节目可以直接在你的大脑里播放。

目前，麻瓜的眼睛只能看到大约 1% 的电磁光谱。想想看，这只占了这个古老而浩渺的宇宙极小的一部分。但是在未来，麻瓜的身体会被麻瓜疯眼这样的装置所提升改造，而我们对于宇宙的体验也将彻底改变。

麻瓜何时能做出会动的肖像画？

　　"我们什么都未曾发现！"巴勃罗·毕加索这样评价现代艺术。1940年，当这位伟大的西班牙画家、拼贴画的共同发明者，从刚刚发现的位于多尔多涅的拉斯科洞穴走出来时，发表了这番讲话。在位于法国中南部乔维特地区的洞穴中发现了马匹的壁画，人们对其中所使用的木炭进行了碳同位素分析。结果表明，这一史前洞穴艺术至少已有3万年的历史。这一发现促使毕加索对艺术的进程进行了著名的反思。因为这些马匹的绘画和之后的拉斯科绘画一样，具有艺术性和复杂性，这表明艺术的萌芽比人们所知的要早得多。在法国和西班牙部分地区发现的洞穴艺术表明，古代的先人们是一群非常有才华的艺术家。

　　但如果毕加索看到了魔法肖像画，他可能会改变主意。魔法肖像画里的人可以行走和说话，甚至能从一个画框跑到另一个画框。麻瓜肖像画的好坏取决于画中人自身的魅力，以及画家如何运用绘画技巧让他们显得栩栩如生。而魔法肖像画则上升到了另一个维度——画中人真的能像本人一样走动和做动作。魔法肖像画与观赏者的互动性在很大程度上并不取决于艺术家的天赋，而是取决于画中魔法师的法力大小。

　　麻瓜肖像画艺术的本意，是捕捉到模特的特质，魔法肖像画艺术则更进一步。当一幅神奇的肖像被画下来时，模特本人身上的一些特质，比如他们最爱说的话和最有代表性的举止也会被收入画中，以确保这幅画是真实的再现。来看看卡多根爵士的画像，他总是要向观赏画的人发出挑战，或者总要从马上摔下来。再看看格兰芬多塔楼入口处的胖夫人肖像，她永远崇拜美食、饮品以及最高的安全感，虽然胖夫人本人很久以前就已经去世，进入魔法师历史的旧纸堆了。

在书中，魔法肖像画们的想法在巧妙地发生着改变，以适应情节的发展。《哈利·波特与火焰杯》的开头场景是在当地一家酒馆里，人们正在聊着八卦故事，而墙上肖像画中的人们确实在几个画框之间移动着，传着最新的悄悄话。在更喜庆的时候，当葡萄酒遍地流淌、生活轻松惬意时，肖像画中的主角们会看起来醉醺醺的。在霍格沃茨进行春季大扫除后，肖像画们会大发牢骚，抱怨着感觉自己的皮肤变粗糙了。这些魔法肖像画也是能照见不祥之兆的灯塔。在《哈利·波特与阿兹卡班的囚徒》一书中，胖夫人一时成了情节的焦点，因为大家发现，在她那幅画上到处是刀痕。

然而，魔法肖像画在空间和时间上还是有一定的局限性。很少有画像能够让人深入分析出他们生活中更复杂的方面。这些画像实际上只是艺术家对坐在那里的魔法师们的二维描绘。不过这些稀有的魔法肖像画还能做得更多，它们可以与现实世界中正在发生的事件进行更多的互动。

比如，霍格沃茨的校长会在去世之前让人画下他的魔法肖像。画像完成后，这位校长可以定期看一看画像，指导画像如何跟自己一样行动。这样，校长们就可以将自己的许多见解、知识和有用的记忆传递给画像，这些信息对未来的继任者会非常有用。于是，校长办公室里就能储藏起更广的、更深的智慧。有些人以为校长办公室就像表面看起来一样，让人昏昏欲睡，无聊又没劲，其实他们真的错过了关键所在：那些挂着的魔法肖像画。

那么在麻瓜世界里，人们在动态肖像画方面又取得了哪些进展？毕加索说自从史前洞穴画出现以来，在过去 3 万年里我们基本上没有发现任何东西，他这句话是对的吗？

麻瓜的动态肖像画

想象一下，麻瓜动态肖像画捕捉到的那些最伟大的时刻，比如说，迭戈·马拉多纳踢出的那一脚有史以来最伟大的射门。那是 1986 年世界杯中最惊艳的几秒：马拉多纳180 度转身、连续过人深入禁区，假动作晃过守门员，最后熟练地将球踢入翻滚颤动的球网中。

或者，将有史以来最伟大的艺术作品之一——《人间乐园》，做成动态肖像画。这幅画是荷兰大师耶罗尼米斯·博斯在 1490 年至 1510 年间绘制的三联画，是西方历史上最复杂、最神秘的绘画之一，画中充斥着的符号和象征意义在几个世纪以来引发了无数争议。

博斯的这幅杰作展现了一个神秘的虚构世界，其中充满了奇怪而令人畏惧的细节。这幅气势恢宏的肖像画描绘了一个以树为身体的人正从地狱向外凝视，巨大的鸟将果实扔进赤裸的人们嘴里，爬行生物入侵天堂，还有一只魔鬼鸟囫囵吞下去一整个人。这几幅最著名的画到底有什么含义？也许天堂和地狱不是你灵魂的归宿，而是你内心的状态——没有人确切知道它的含义。

但是，如果有一幅《人间乐园》的麻瓜动态肖像画，我们就可以去问问它到底有什么含义了。

于是，我们可以把历史上著名的时刻都做成动态肖像画。比如，宇航员尼尔·阿姆斯特朗在月球上留下脚印，这是人类有史以来在太空取得的历史性成就之一，它意味着在月球这个星球上，无论人类的未来会发生什么，这个脚印都会留下来。

那么如何制作麻瓜动态肖像画呢？当然，我们有 GIF 格式。GIF 图在数千个网页上晃动，在无数 Facebook 个人资料中飘荡，并改变了无数自媒体。GIF 图可以在动画广告、电子邮件签名和社交媒体头像中看见。简而言之，GIF 无处不在。首字母缩写"GIF"代表"图像互换格式"。这种图像格式是为一个刚刚成熟起来的数字空间设计的。GIF 是由

CompuServe 公司的史蒂夫·威尔希特在 1987 年 6 月开发出来的。最初 GIF 图以黑白图像传输，后来发展到 256 色，并且仍然保留了其压缩格式，以便在当时缓慢的互联网速度下更容易被处理。如今，人们似乎被 GIF 图迷住了，因为它已经成了一种网络时尚，是网上幽默的默认品牌，也是互联网上疯传视频的必备品。

但是，GIF 能像《预言家日报》和《纽约幽灵报》这些魔法师报纸上的魔法肖像画一样，也放到麻瓜的报纸上去吗？英国的《帝国》杂志声称，他们从魔法世界中汲取了灵感，并制作了世界上第一个动态封面。他们限量发售了一期带有动态封面的杂志，以庆贺《哈利·波特》系列衍生电影《神奇动物在哪里》上映。限量版杂志的封面看起来有点像一份魔法报纸，排版样式模仿了《神奇动物在哪里》中出现的《纽约幽灵报》。

在《帝国》杂志的封面上嵌入了两幅会动的肖像画。杂志封面由两层硬纸板夹着一块屏幕组成，读者可以按肖像屏幕上的播放键与它互动。硬纸板下面装有必要的微芯片和电路板，只需按下一个按键，肖像就能栩栩如生。这些肖像画展示的是《神奇动物在哪里》的幕后花絮和电影预告片。它还算不上是麻瓜人工智能的魔法肖像画，但这已经是一个开始。

怎样制作你自己的活点地图用来逃课？

　　想象一下，在一个潮湿的星期三下午，你深陷于双重商业研究课程中，这是每个学校教学大纲中最乏味的一门课。不要慌，一个狡猾的计划正在酝酿之中，其中需要用到一张神奇的地图。你身处在一间教室中，备受课程的折磨，而这间教室外面则是一个由教室和走廊组成的拜占庭式的迷宫网。如果你选择接受任务的话，就是先与这堆卡夫卡式的混乱进行一通交涉，再逃离学校哨兵和边界巡逻的视线，最后逃到令你重获新生的阳光下。但是等等，这张魔法地图到底是用来做什么的？

　　在《哈利·波特》的世界里，这张神奇的地图被称为"掠夺者地图"。有了这张地图，霍格沃茨魔法学校地下的、七层的、一百四十二级的、高耸入云的、角楼式的、深地牢式的复杂建筑布局会统统在上面清晰地浮现出来。

　　这张地图是一只能见万物的眼，直视进中世纪城堡那深邃而黑暗的内心。地图窥视着城堡中每一间教室、每一段走廊和每一个令人毛骨悚然的角落。城堡中每一块地面都属于地图的管辖范围，还有所有那些隐藏在城墙内的秘密走廊。魔法师们也逃不出它的法眼，他们每个人都在地图上，由一组走动的脚印和一个卷轴状的名字表示出来。掠夺者地图没有被哈利的隐形斗篷、化兽师或复方药剂所欺骗。就连霍格沃茨的鬼魂也被它的目光深深凝视着。

　　没错，这张地图并非绝对正确。比如，它无法区分同名同姓的魔法师，地图上也显示不出那些不可标绘的房间。还有，有求必应屋是家养小精灵多比发现的，而不是掠夺者地图发现的，地图似乎都不知道这个房间的存在。密室也是如此，它从不曾出现在地图上。和有求必应屋一样，这间密室之所以没有被显示出来，可能只是因为地图的创造者莱姆斯·卢平、彼得·佩蒂格鲁、小天狼星·布莱克和詹姆斯·波特（这四位也被称为月亮脸，虫尾巴，大脚板和尖头叉子，"专为魔法恶作剧提供帮助的诸位"）根本不知道它的存在。那么，我们需要用什么来绘制麻瓜版的掠夺者地图呢？

中世纪的地图绘制者

跟霍格沃茨一样，地图绘制的黄金时代是在中世纪，伴随着航海而出现。中国的两项发明，指南针和船尾舵，在航海领域中产生了全球性的影响。人们可以实现长途航行了。广袤的海洋面临着勘探活动、海盗、贸易激增，甚至战争。人们需要更好的导航图，这对地图绘制产生了深远的影响。全面敞开的海洋领域意味着人们需要更高的精度，也就是说，需要更好的观测方式、更好的测量仪器和更好的地图。于是，公海航行激发出了对全新的、定量地理的需求，以及对可以在船上和陆地上使用的设备的需求。人们开始了他们对于经纬度的痴迷。

欧洲大航海始于 1415 年左右，并由此打开了全球掠夺的大门。大航海是人们第一次有意识地利用地理知识来获取荣耀和利润的结果。羽翼未丰的大英帝国很快意识到，他们能够基于自己对于领土情况的了解，对全球实施控制：知道你在哪里，知道你有什么。因此，导航和地图对贸易来说变得更加重要。然而，地图的黄金时代却也带来了海盗的黄金时代。

海盗们在公海上大肆劫掠，他们常常能抢劫到令人惊讶的战利品，以此来回应欧洲列强的贸易竞争和殖民企图。如果海上突袭成功，登船的海盗就会直奔货舱。一艘船拥有的最珍贵的货物不是金、银或八里亚尔硬币，而是地图和计时器。事实上，一些绘图员会故意在地图中添上些错误，好让抢走地图的海盗不明所以，误入歧途。

这种加密的反海盗地图与掠夺者地图很相似。掠夺者地图也是经过加密的，通常是伪装成一张空白的羊皮纸。要查看地图，魔法师必须用魔杖轻敲地图，然后说："我庄严宣誓我不干好事。"此时地图才会显露出来。类似地，为了再次隐藏地图的内容，使羊皮纸再次显示为空白，使用者得敲击地图并说："恶作剧成功了。"唯一的区别就在于此：中世纪地图是用来防止做坏事的，但掠夺者地图是专门用来做坏事的！

标记老师

麻瓜版的掠夺者地图可能是基于 GPS 的。GPS，或者叫作全球定位系统，是一个由大约 30 颗在 2 万千米高空中绕地球运行的卫星所组成的网络。与之前和之后的许多技术一样，这个系统是为军方开发的，确切地说，GPS 始于美国军方的一个项目。但现在，任何拥有 GPS 设备的人都可以使用它了。也就是说，要使用 GPS，你得有一个手机，或一个可以接收卫星广播无线电信号的普通 GPS 装置。

不管你在地球上的什么地方，GPS 都会找到你。无论你游荡到了哪里，你至少可以看到四颗 GPS 卫星。每颗卫星都在不断发出其位置和时间的数据。这些以

光速发射的数据信号会被 GPS 设备接收。只要获得了至少三颗卫星的数据，你的 GPS 设备就会知道你在哪里。你的 GPS 接收器通过一个被称为三边测量的过程来实现这一点。现在，让我们想象一下使用这项技术来逃离学校的情形。想象有一位老师正潜伏在学校的地下墓穴里。天空中高悬着三颗发出信号的卫星，让我们把它们叫作卫星 A、B 和 C。如果潜伏的老师被卫星 A 监视到，那么 A 就会知道他离自己有多远。如果卫星 B 和 C 也看见了这位老师，它们也会读取他的位置。所以，把这三个读数放在一起，它们相交的地方就是这位潜伏着的老师的确切位置。卫星数量越多，所读出的老师的位置就会越准确。

然而，这些都不应该让企图逃学的学生们感到担心，因为我们已经有了标记老师的技术。GPS 安全标签已经在市场上出现，它可以用来跟踪宠物和人，甚至是探听老师。它的体积非常小，而且是用太阳能驱动的，精确到米，在室内也可以工作。这些 GPS 安全标签装有超灵敏的贴片天线，比两节 5 号电池还小，可以使用 GPS 卫星群定位。这一切意味着，借助智能手机，逃学者只需使用地图应用程序，就可以轻松地标记出老师们当前和之前的位置。最后就只剩下一个挑战：如何把标签贴到老师身上。

我们怎样制造一个能用的韦斯莱钟？

1937 年，美国著名飞行员艾米莉亚·埃尔哈特在尝试首次环球飞行时，在飞越太平洋期间神秘失踪。这则重磅新闻轰动了世界，她的失踪成为当时世界航空史上的最大谜团。

对于韦斯莱家的人来说，出人意料、不加解释地玩消失从来都不是个大问题。那是因为他们家有座著名的韦斯莱钟。这可不是一般的计时装置。韦斯莱钟并没有单调地指示着一天中的时间，而是监视着每个家庭成员的所在。这只钟坐落于英格兰德文郡奥特里-圣卡奇波尔郊外，韦斯莱家居住的房子"陋居"的客厅里，上头足足有九根金指针，每个家庭成员一根指针。

这些指针指出了每个韦斯莱在什么地方。时钟的正面是一系列标记，包括"学校""工作中""旅行中""家""迷路中""医院""监狱"，甚至还有"致命的危险"。此外，还有"泡茶的时间"（当然了，这里可是英国）、"喂鸡的时间"和"你迟到了"等更有趣的类别。每个家庭成员的行踪都一目了然，因为不管在地球上的哪个地方，他自己的那根指针都能把他指出来。说起来，韦斯莱家的当家人亚瑟·韦斯莱对所有麻瓜的东西都十分迷恋，那么他有没有想过，也给非魔法界的市场打造一个类似的物件儿呢？另外，如果想让这个商业计划持续经营的话，又有什么技术可以用来完成这项工作呢？

魔法师时钟

信不信由你，魔法麻瓜钟已经制造出来了。那么，让我们来这样构想一番。首先简单介绍一下：和韦斯莱时钟一样，在我们的魔法师时钟上，我们用时钟指针来代表人，时钟上的"时间"则代表位置。这个魔法师时钟还将一目了然地显示出家人朋友的所在地。我们的时钟所使用的魔法是一种麻瓜技术，从智能手机，到网络服务器，再到魔法师时钟，都使用这种技术。你会足够清楚地了解到你的所爱之人在哪里，所以你可以为了好玩而跟踪他们，还能知道什么时候最好不要给他们打电话。

当然了，这座魔法师时钟理想的样子是一座落地摆钟，放在木制框架里。由于时钟必须显示出人和地点，因此我们需要在典型的双指针或三指针时钟的基础上增加尽可能多的指针。不过现在，让我们假设我们总共有四根指针，霍格沃茨四个学院各分配一根指针：一根邓布利多教授指针，代表格兰芬多；一根闪闪发亮的卢娜·洛夫古德指针，代表拉文克劳；一根波莫娜·斯普劳特教授指针，代表赫奇帕奇；一根西弗勒斯·斯内普教授指针，代表斯莱特林。

我们的时钟面上还应该显示出最常用的位置。让我们为四根指针中的每一根都选出一些适当的位置。因为邓布利多喜欢在他的校长办公室里用自己的望远镜观察天空，我们就把"天文塔"作为第一个位置。精灵古怪的小魔法师卢娜·洛夫古德住在奥特里－圣卡奇波尔的一栋长得像国际象棋棋子"车"一样的房子里，所以让我们把第二个地点命名为"奥特里"。波莫娜·斯普劳特教授经常被发现在霍格沃茨的草药课温室里闲逛，所以我们的第三个时钟位置是"温室"。最后，西弗勒斯·斯内普教授是一位非常有天赋的魔法药剂大师，所以我们最后的时钟位置应该是"地窖"，因为他在那里合成了长生不老药。简而言之，我们有了四个名字诱人的时钟位置：天文塔、奥特里、温室和地窖！除此之外，我们还可以加上相对正常的标记，例如"旅行中""迷路中"，或者甚至还可以加上"致命的危险"。

韦斯莱时钟拥有自己的魔力，但我们的魔法师时钟则需要用上麻瓜的技术。邓布利多、洛夫古德、斯普劳特和斯内普（这几个名字听起来就像狄更斯小说里的律师）他们每个人都需要随身携带某种移动技术设备。这个设备可以是智能手机，其中安装了 Android 或 iOS 系统的应用程序，并具有相同的核心功能。Android 系统的应用程序会在后台运行一项服务，每隔一段时间就会更新它的位置。相比之下，iOS 系统上的应用程序则会在每次与一个新基站通讯时发送位置信息。在 Android 系统中，位置数据是最新的、准确的。而在 iOS 系统上，只要开着 App 保持程序运行，它就会高频且准确地更新其地理位置信息。这两款应用也都支持发送手动定位，这可以用于测试，也可以在用户手机定位不准时发送用户的具体位置。

致命的危险

所以，无论用户漫游到哪里，都能通过信号发出他们的位置信息。他们的位置会被传送到网络服务器上（服务器就是向用户传送数据的计算机系统或程序）。现在，这些信息将被发送到我们的魔法师时钟上。一旦位置信息被时钟内置的模块接收到，时钟里的四个伺服电机就会让指针移动到所有可能的位置。于是，我们的魔法师时钟就跟它的灵感来源——韦斯莱时钟一样，完成了它的任务：邓布利多、洛夫古德、斯普劳特和斯内普的行踪一目了然，因为我们的时钟指针已将他们的位置准确地指出来了。

对魔法师时钟来说，真正考验是"致命的危险"。我们究竟该如何仅利用麻瓜技术来应对这种情况呢？或许穿戴式设备是最好的解决方案。例如，可以在智能手表中安装一个应用程序，用来实时监测佩戴者的"逃跑或战斗"心理反应所产生的压力水平。这个应用程序可以检测出魔法师戴着设备时的心率、出汗程度、血压以及运动水平是否发生了变化。那么，我们计划中的现实版魔法师时钟就完成了。不要只是坐在那里，现在就动手造一个吧！

科学技术能否复制出粉碎咒？

粉碎咒可以通过把固体的东西分裂成碎片或粉尘来摧毁它们。哈利对树篱施放了粉碎咒，但只在树篱上烧出来一个小洞，他还用粉碎咒炸掉了架子。

如果我们想达到同样的效果，那就必须先确定要摧毁的固体物是什么材质的，然后再找到最合适的方法。从本质上说，无论我们使用什么方法，归根结底都是为了打破将材料结合在一起的力，这一般会涉及某种物理、化学或者生物反应。那么，我们可以用什么方式复制出粉碎咒的效果呢？

化学反应

化学反应是分子破裂成原子，原子重新排列组成新分子的过程。如果反应中没有新分子生成，那么它就不是化学反应。牛奶变酸、铁生锈和物体燃烧都是常见的化学反应。在所有的化学反应中，原子和分子之间的化学键都会断裂，并形成新的化学键。

什么样的化学变化可以将固体分解成细粉尘，或者导致其燃烧、爆炸、分裂成碎片呢？

在树篱上烧出一个小洞意味着已经发生了燃烧反应。在燃烧反应中，一种称为氧化剂的物质会与燃料（可燃物）发生反应。氧化剂从燃料（可燃物）中获取电子，并在这个过程中释放能量。不同氧化剂具有不同的强度，不过在地球上，燃烧反应最主要的氧化剂是氧气，这就是为什么地球上的东西通常需要氧气才能燃烧。

在燃烧反应中，氧气从燃料中吸收电子。我们说燃料被氧化，是因为燃料失去了电子。而氧气获得电子的过程则称为还原。当燃料被氧气氧化时，氧气被燃料还原。事实上，这两个过程总是离不开彼此的。

每当某种物质被氧化，也就是失去电子时，对应的氧化剂必然被还原，也就是说氧化剂获得了电子。因此，这种反应也被称为氧化还原反应。燃烧是一种快速发生的氧化还原反应，而生锈等腐蚀过程则是一种缓慢得多的氧化还原反应。

我们可能很容易把还原反应跟粉碎咒联系起来[⊖]，不过在烧树篱这件事中，更准确地说，魔法师是氧化了树篱而不是还原了它。那么，粉碎咒是一种极端的氧化反应吗？

极端氧化

不同的氧化剂具有不同的获取电子的能力。其中获取电子能力最强的是一种叫作三氟化氯的物质，它的活性极高，且有剧毒。三氟化氯是可自燃的，也就是说在与其他物质混合时，它会自发燃烧起来。它很容易与所有已知的燃料以及布料、木材、石棉、沙子、人体和水发生爆炸性反应。人们曾研究过是否能使用三氟化氯作为火箭燃料，但后来认为这样做太危险。

如果一个魔法师施展的粉碎咒引发了一种化学反应，比如氧化了一张木桌，那么，要把桌子烧成灰烬还需要相当长的时间。魔法师必须控制反应速度，好让反应发生得更快些。在化学中，我们可以使用催化剂来实现这一点，提高反应温度也会有所帮助。催化剂是一种能够加快反应速度的物质，它在反应过程中不会被消耗，也不会发生化学

⊖ 英文中"还原"一词为"reduction"，"粉碎咒"一词为"reducto"，二者拼写和读音相似。 ——译者注

变化。

　　当帕瓦蒂·佩蒂尔"施展出了一个非常厉害的粉碎咒，以至于把装着所有窥镜的桌子都化成了灰烬"时，也许她使用了某种超强的魔法催化剂，迅速氧化了木头。然而正如麻瓜们发现的那样，考虑到可能会发生爆炸性反应，快速氧化或许是一种非常危险的做法。那么除了化学之外，我们还能用什么方法来模拟出粉碎咒呢？

物理反应

物理变化（反应）是指物质的某些属性（如温度、形状、颜色、大小）发生了变化，但物质的成分没有发生变化。比如，当冰被加热时，会从固体变成液体，但冰的成分仍然是水。在这种情况下，水的状态发生了变化，即从固体变成了液体。

其他物理变化的例子还有压碎罐头、烧开水、打碎玻璃、拆除建筑物、研磨胡椒粉等。如果粉碎咒是通过引起纯粹的物理变化而起作用的，那么，根据要粉碎的目标，有几种物理过程可以产生这种效果。

在半空中爆炸的火箭或者流星产生的冲击波可以打碎窗户，不过建筑物中坚固的混凝土部分相对来说则不会受到损害。想要用冲击波粉碎墙壁或岩石表面，这需要巨大的能量。不过，还是有一种方法可以粉碎岩石，而且不需要使用炸药。

自然界中的事物会受到风吹、雨淋、太阳炙烤等多种因素的影响。这些因素对自然物的影响被称为"风化"。当水进入某些岩石的裂缝并反复冻结、融化时，风化的情况经常会出现。水一次又一次地膨胀和收缩，在岩石中产生应力。最终，石块会破裂，并在岩石下面形成一个碎石坡。

风化是一个相当漫长的过程，而且只可能发生在某些类型的岩石上，木头或者树篱都不会发生风化现象，因为木头和树篱更加柔韧，能承受应力和应变。那么，让我们尝试冷却物体看看会怎么样。

冷冻的固体

当一些物体，例如塑料制品、花朵或者水果被冷冻到极低的温度时，它们可以被轻松地压碎，或被足够大的冲击力所粉碎。这是因为随着温度降低，材料会变得更脆。液氮是用来降低温度的常见物质，因为它通常只以零下 210 ℃到零下 196 ℃之间的液体形态存在。

在室温下，物质的结构可以更好地吸收冲击，通过拉伸和变形来消除所有的应力和应变。在这个温度下，结构中的分子可以自由地相互滑动。然而随着温度降低，在达到冻结状态之前，材料的弹性会逐渐下降。此时的分子移动自由度会降低，因此，冲击能量无法消散，而是集中在局部区域，导致脆性断裂或破碎。

脆性断裂是化学键断裂的结果，化学键断裂会导致物质在分子水平上裂开。产生断裂的能量需要沿着开裂的路径克服原子之间的内聚力，这一点可以从打碎木头时会迸出碎片，但木头不会变成粉末看出来。一般来说要想让木头变成粉末，你需要用锯子或斧头反复锯或者砍才行。

如果被冻住的是纸张，它们并不会以上面说的这种方式变脆，因为它们是由纤维制成的。虽然纤维本身可能会变脆，但它们仍然可以彼此间相互滑动，从而使物体在整体上仍然具有一定的韧性。所以说粉碎咒没法通过把桌子降到极低的温度来粉碎它。桌子会裂开，但不会被粉碎，也不会化为尘土。那么，让我们再试试用声音粉碎物体怎么样？

声音粉碎咒

利用声波瓦解固体材料，这是个众所周知的现象，我们曾见到过有些歌唱家只用他们的声音就可以震碎玻璃。麻瓜有一种叫作体外冲击波碎石机 (ESWL) 的装置，可以利用声音粉碎人体内被称为结石的固体物质。结石包括膀胱结石、胆结石和肾结石等。它们是矿物质和盐类在尿液中高度浓缩后聚集在一起形成的。结石通常都很小，在尿液中可以被忽略。然而，如果它们体积太大，那就需要通过治疗来除去它们。体外冲击波碎石机可以提供非侵入性的治疗方案。

在治疗中，体外冲击波碎石机能够将高能超声冲击波集中到结石处。冲击波在人体内传播，并在经过人体时不断压缩和拉伸组织。大多数身体组织具有相当的弹性，可以应对由此产生的张力。但是像石头这样弹性比较小的固体材料，更容易碎裂。在经过人体的大段路程中，声波会分散开来，因此不会传递太多能量。然而，当到达石头所在的位点时，冲击波的能量会更加强烈，足以使石头分裂成小碎片，有些碎片甚至像沙粒一样小。但需要注意的是，粉碎这些石头需要 1000 多次冲击波，有些治疗会持续一个小时之久。

粉碎

在树篱上烧个洞是一种很容易做到的技术。此外，我们可以使用频率与玻璃相同的声波来粉碎玻璃物体，或者我们还可以使用更常见的方法，也就是通过冲击波来粉碎玻璃。如果冲击波携带了足够的能量，就可以打碎玻璃架子，但如果想要打碎砖块，冲击波的强度还需要再高出许多倍。

在较小的尺度上，我们可以通过超声冲击波分解人体内的结石。燃烧木头的时间可要长得多了，我们可以干脆找些物理工具来把木头直接打碎。因此，我们确实有技术可以复制出粉碎咒的各种用法，但在目前，还没有任何一种功能齐全的、可以一刀切的技术。

魔法师怎样才能施放出火焰咒?

　　火,是远古人类的圣杯。据说,普罗米修斯从众神那里偷走了火,用来造福人类。但不管我们是怎么发现火的,一旦我们知道了如何点着火,世界就改变了。一开始,我们学会了如何保存由闪电或火山爆发等自然现象所产生的火种,到后来,我们学会了如何利用摩擦木棍或撞击岩石的方法来点燃火种。现在,我们可以直接用火柴或打火机点火,而对古人们来说,这些设备就跟魔法师们大喊"火焰熊熊!",随即让火焰从魔杖顶端飞出来一样神奇。那么,魔法师是如何用魔杖制造出火球术的呢?

燃烧的配方

　　火,是一种叫作"燃烧"的化学反应所产生的结果。在燃烧反应中,不同物质相互作用,产生出新的物质。在这个过程中会散发出热量和光。释放热量的反应称为放热反应。因此,燃烧是放热的。在大多数燃烧反应中,氧化剂与某种物质(燃料)在有足够内能(如热量)的情况下发生反应。大致上说,氧化剂是一种从可燃物(即燃料)中获取电子的物质。在地球上,燃烧反应中最常见的氧化剂是氧气,因为它的存在范围很广泛,占到我们所吸入空气的21%。其他可能产生燃烧的氧化剂还包括氟或氯气。

　　在地球上,要创造出火,通常需要三个要素:燃料、热量和氧气,它们通常被称

为"火三角"。如果缺少这三要素中的任何一个，燃烧就不会发生，也就没有火。因此，为了让魔法师成功地从魔杖末端召唤出火焰来，火三角的三要素都必须存在。因为《哈利·波特》的故事发生在地球上，所以氧气已经有了。然而，如果在一个氧气很少或是没有氧气的地方，魔杖就需要先制造出自己的氧化剂。这就是火箭在太空中的工作原理。火箭使用的燃料中含有自己的氧化剂，即使没有氧气，火箭也能在太空的真空环境中燃烧。为达到我们的目的，我们只考虑有足够氧气的环境。于是，关键就在于研究如何使用魔杖来产生燃烧反应。

火魔杖

魔杖，被视为魔法师们传导其魔法力量的一种工具。每一根魔杖都由一种特殊的木材制成，并且里面含有一个影响魔杖功能的魔法核心。但魔杖怎样才能操纵氧气、燃料和热量来产生火呢？

在麻瓜的世界里，打火机是制造火焰的一种常见方式，它已经以各种形态存在一个多世纪了。打火机的工作原理是在有氧气的情况下点燃燃料。把打火机做成魔杖的形状并不难，烧烤点火器的长度已经很长了，而且实际上确实也有叫作"魔杖打火机"的产品。当然，魔杖的功能不只是能制造出火焰，所以，要把丁烷或石脑油等液体燃料灌进魔杖里，那就没法给魔杖的其他功能留下太多空间了。不过这只是个开始。

如果你拿着一个透明的一次性打火机，你可以看到它里面装有液体燃料。这种液体其实是一种在很大压力下呈现为液态的气体。一般来说，如果气体被充分压缩，就会变成液体。如果气体被充分冷却，它也可以变成液体，如果冷却得更多，它还可以冻结成固体。液体或固体形态的燃料会占用更少的空间，因此，在这两种状态下，魔杖里的燃料都可以更有效地储存。

我们周围到处都是固体、液体或气体燃料。固体燃料包括煤和木头，但它们的燃烧实际上并不会直接形成火焰。当它们变得足够热时，会发生所谓的热解反应，此时就会产生出可燃气体。正是这些可燃气体燃烧的过程产生了光和热。而产生热量的一部分会回到燃烧过程中，形成连锁反应，这是火灾扩大的一个重要原因。这个因素如此重要，以至于它现在经常也被包含在火三角的要素中，形成所谓的火四面体。那么，魔杖怎么能做到这一点呢？

考虑到魔杖的外部是由木头制成的，它总有可能被点燃。如此说来，从技术上看，烧掉一点点魔杖本身的木头可能也算是一种解决方案，但这将极大限制在魔杖烧光前可以产生的火球数量，最后还会留下一根烧焦的、一碰就碎的、难看的黑色棍子。这显然不是一个好的选择，那么魔杖能用什么燃料来点火呢？

火的燃料

当固体燃料被加热时，它们会发生变化，释放出可燃气体。液体燃料的原理与此类似，当被加热时，液体燃料会蒸发为可燃气体，然后再进行燃烧。所以实际上，不管初始状态如何，燃烧通常都是由易燃气体产生的，比如火三角或火四面体中的燃料。在可用的氧气和空气压力等其他因素中，燃烧使用的特定燃料可能会对火焰的温度产生影响。这一点很重要，因为有些物质需要用更多的热量才能点燃。

麻瓜魔术师们经常制造火球，对此他们有不同的制造方法。其中一种方法是使用易燃的固体材料，通常用的是增压后的棉絮。这种棉絮被称为硝化纤维或闪光棉，它在燃烧时会产生一闪即逝的火焰。棉絮的扩散能够使氧气很容易达到燃烧处，使反应发生得更快。市面上有一种叫作喷火手环的小产品，它就是用这种方式来发射火球的，但发射的每个火球都很小。这项技术的一个问题是，它燃烧得太快，以至于无法将大量热量传递给它接触到的物体。这就是为什么人们很喜欢炫耀将赤裸的手掌靠近这种火球的原因。这也意味着赫敏不能用它来点燃斯内普的斗篷。那么，还有什么其他方法呢？

我们也可以使用喷撒或喷射液体燃料的方法。相比气体燃料，可燃液体的液流可以将火焰带到更远的地方。这些液体燃料也更容易落到物体上并继续燃烧，尤其是当它们变得更稠时，凝固汽油弹就是这样的。在战争中使用的大多数火焰喷射器都是以这种方式工作的。

如果一根魔杖里已经装有一些液体燃料，那么还需要一种方法来推动燃料。我们可以使用加压气体作为推进剂（火焰喷射器就是这样做的），也可以通过挤压魔杖的底部进行机械喷射。这两种方法都可行，但这样产生的火看起来更像是一股火焰，而不是一个火球。要产生火球，还有许多别的方法。

我们可以在魔杖中装入压缩成液体的气体燃料，这样不会占用太多空间，对一个较小的燃料载荷来说，也可以产生几次不错的燃烧。魔杖内部也可能发生反应，产生气体。比如用碳化钙，它与水反应会生成易燃的乙炔气体。用这种方式，魔杖里只需要有一个容纳碳化钙的腔体，以及往腔体里面随意加水的功能。气体的压力会急剧增加，最后以气团的形式释放出来，这团气体一点燃，就会产生出一个小火球。无论燃料的类型和燃料的释放方式如何，这些燃烧方法都依赖于有足够的热源进行点火，那么要如何做到这一点呢？

产生热量

打火机使用各种打火方法，来为燃料和氧气混合物的燃烧提供必要的热能。最常用的方法是使用岩石或金属，如铈铁（又叫打火石）来产生火花。打火石的缺点是，它需要机械动作来产生火花，这个过程必须得通过某种方法在魔杖内部完成。使用压电晶体产生电火花也是如此：很多打火机都使用了压电晶体，在这种打火机中，当施加足够的电压时，两个电极之间就会产生电弧。

还有一种催化剂打火机，在铂催化剂的作用下，用类似甲醇的醇类进行燃烧。催化剂是一种能加快反应速度或降低反应初始能量的物质，但它们在反应过程中不会消耗自身。当甲醇蒸气与铂接触时会发生化学反应，产生热量。这些热量足以引发甲醇燃烧。这是一种小巧而便捷的点火装置，可以将铂安装到魔杖顶端，并且加压气体能让火焰从魔杖顶端喷射出来，而不仅仅是慢慢散发出来。

另一个选项是所谓的自燃燃料。当使用自燃燃料时，两种物质一旦相互接触就会发生反应，不需要单独的点火源去点燃它们。自燃燃料经常用于太空飞行。早在阿波罗任务中，服务舱和登月舱的发动机就使用了航空肼 50 和四氧化二氮。

大火球术

因此，只要火三角的所有要素都存在，我们就有可能制造出一个火球。怎么把这些火三角要素放进魔杖里是个关键问题。使用气体燃料或者通过任何产生大量可燃气体的反应，都可以制造出一个漂亮的火球。不过，这些燃料只能少量储存。为了给反应提供热量，自燃燃料可能是最直接的方法，而催化剂点火似乎是在魔杖顶端制造出火焰的好办法。不管是哪种方式，真正的科学和技术都能很好地制造出能产生火焰的魔杖。

第三篇

植物学、动物学和药剂学

哈利·波特中的科学

The Science of
Harry Potter

牛黄真是种解毒剂吗？

麻瓜的很多酒类都会让晚餐变得食之无味。众所周知，苦艾酒会让人产生幻觉；布鲁克拉迪奇是一种极其纯净且强力的威士忌；斯皮亚图斯是一种波兰伏特加，这种酒度数极高，最好不要直接饮用。罗恩·韦斯莱差点喝下肚的酒是一种普通的老橡树陈酿蜂蜜酒，不过是下过毒的。罗恩的玻璃杯先掉到地上，接着他自己也倒下了。他双膝一软跌倒在地毯上，惊恐地抽搐着，口吐白沫，皮肤发青。

哈利赶紧跑过来救他，他四下张望一圈后跳了起来，急急忙忙打开墙上的魔药包，里面装着的石头散落了一地，每一块都不比鸟蛋大。哈利拿起一块干瘪的石头，打开罗恩的嘴巴，把石头塞进他的喉咙。罗恩立刻停止了乱动，但很快又发出一阵剧烈的咳嗽声，还打着嗝。罗恩又回来了，他能呼吸了。多亏脑子灵光的哈利给他吃了牛黄。

牛黄是一团未消化的物质，取自牛科动物的胆囊（小说中的牛黄取自山羊的胆囊）。这些成块的物质通常由毛和植物纤维组成，类似于猫吐出的毛球，聚集在消化系统中。在魔法世界里，牛黄是大多数毒药的解毒剂，不过蜥怪毒是个例外。但是，既然牛黄也存在于现实世界中，那它又是什么呢？它到底能做什么？

牛黄

许多世纪以来，牛黄被人们当作最神奇的药物。英文中的牛黄"bezoar"一词据说起源于波斯语的 pâdzahr，字面意思是"解药"，或者叫"反毒药"。

在 8 世纪到 14 世纪之间，科学有了巨大的飞跃，它的璀璨成果包括代数、算法、碱的形成和制备等。这些成果至今仍然在为我们所用，并且直到今天，它们仍处于当代科学的核心位置。在这几个世纪里，阿拉伯文化是一种多元的、外向型的文化。人们深深地被知识所吸引，对科学问题十分着迷。天文学家和数学家阿尔·比鲁尼估算出地球的大小在几百千米以内；物理学家伊本·海赛姆为创立光学做出了贡献；阿拉伯学者痴迷于天文学等领域的精确测量技术，他们对后来发生在欧洲的科学革命产生了巨大影响，也为哥白尼这样的科学家的工作奠定了基础。

早在 7 世纪，阿拉伯世界就已经在使用牛黄。它们通常取自牛科动物的胆囊，也可能取自鹿、骆驼、山羊和其他反刍动物的胆囊。在入药之前，先要将牛黄磨成粉末，服用时要么直接吞服，要么更文明一点，以类似喝茶的形式与热水一起服用。人们对牛黄的益处深信不疑，以至于它也被制成了绷带或膏药，作为治疗发烧、癫痫甚至麻风病的外用药物。

当阿拉伯文化正在欣然盛放之际，欧洲却在经历黑暗时刻。在 14 世纪，估计共约 5000 万，占比 25% 到 60% 的欧洲人口死于黑死病。黑死病又叫作流行性淋巴腺鼠疫，它曾疯狂席卷欧洲以及亚洲和非洲的部分地区。在当时，牛黄作为一种强效的药物，它一定对饱受折磨的欧洲人有极大的吸引力。事实上，据说英国国王爱德华四世就将自己脓疮康复的喜事归功于医生给他使用了牛黄。据说，著名的阿拉伯医生阿文佐尔是第一个为欧洲人写下牛黄药用知识的人。

随着牛黄能治病的消息越传越广，牛黄在欧洲大陆变得越来越常见。然而，医学研究似乎并不是拿破仑的强项。据说波斯皇帝送了几块牛黄给他，但拿破仑却在临死前把它们扔了，而他可能是死于中毒！

作为珠宝的牛黄

抛开拿破仑不谈，牛黄的名气和价值已经一飞冲天。它很快就出现在了宝石的列表中。1757 年，一位德国药剂师制定了一份价格表，上面有蓝宝石、祖母绿、红宝石和其他珍贵宝石的报价，其中有一些宝石可以用于医疗的目的，但其中真正昂贵的则是牛黄。它的标价是翡翠标价的 50 倍。

牛黄可以当作护身符佩戴，因为护身符意味着其中包含有保护主人免受伤害的属性或力量，因此，牛黄就成了一个完美的选择。它们可以戴在脖子上，也可以装在镶满珠宝的匣子里。英国女王伊丽莎白一世是位极负盛名的统治者，在她统治期间，活跃着莎士比亚和马洛这样的名人。她就有几枚镶着牛黄的戒指。后来牛黄还成了英国皇冠上镶嵌的宝石之一。

后来，家庭小作坊开始制造假牛黄。17 世纪初，一名英国金匠因涉嫌兜售分文不值的牛黄赝品而被法庭传唤。这并不奇怪，因为一块假牛黄的要价竟然高达 100 英镑，相当于今天的 4 万美元。大约一百年后的 1714 年，位于伦敦的英国皇家外科医学院的一位研究员提出了关于牛黄的问题。当地的药品供应商声称，他们有 500 盎司的牛黄储备。这位外科医生觉察到了其中的猫腻，他计算出，要得到这么多的牛黄，需得宰杀大约 5 万头动物才行。

至于牛黄作为解毒剂的功效，让我们听听这个故事。有人送给国王查理九世一块牛黄。这位国王似乎和他的老乡拿破仑一样，对牛黄抱着怀疑的态度，于是国王召见了他的皇家医生安布罗斯·帕雷，想知道这块石头是否真的具有解百毒的能力。"胡扯。"帕雷回答道，因为没有两种毒素是完全相同的，自然也没有一种石头能解百毒。"好吧，"

国王说，"我们拿它测试一下，看看真相如何。"于是，国王传唤来了一名被判了绞刑的罪犯，他本来很快就得去死，现在他有了一个新的选择：先吃下一种致命的毒药，然后再吃牛黄。如果他的毒被牛黄解了，就放他自由。那个被判刑的人毫不怀疑地吞下了皇家药剂师配制的毒药，随后贪婪地吞下了牛黄。你瞧，几个小时后，他痛苦地死去了，接着国王把那所谓的"万灵药"扔进火里，那石头在火中发出嘶嘶的声音。

魔鬼网：现实世界中的食肉植物是什么？

在霍格沃茨，学生们可以学到许多有趣的学科，植物学就是其中之一。植物学是关于神奇植物和真菌的课程，尽管有时候不太受重视，但斯普劳特教授的这门课还是帮助哈利、罗恩和赫敏在城堡里度过了许多艰难的时刻。

不管是在草药教室里还是教室外，"魔鬼网"都是哈利遇到的最致命的植物之一。在黄金三人组穿过活板门，寻找魔法石，打败伏地魔的冒险旅途中，魔鬼网是他们必须克服的考验之一。这种特殊的魔法植物有着惊人的能力，它可以将猎物收紧，罗恩和哈利发现，越是挣扎，它就会捆得越紧。在《哈利·波特》系列靠后面一些的故事里，魔鬼网不止一次地成为致命武器。在霍格沃茨战役期间，纳威·隆巴顿和斯普劳特教授将它们战略性地布置在城堡周围，以击退入侵城堡的巨人和食死徒。

在另一个危险的场景中，魔鬼网作为一种暗杀工具，被偷偷送进了专门治疗魔法疾病和魔法伤害的圣芒戈医院。一盆魔鬼网盆栽被伪装成一份无害的圣诞礼物，送到了毫无戒备的昏迷病人布罗德里克·博德那里。负责此事的食死徒沃尔登·麦克尼尔顺利避开医师，偷偷将这株植物带了进去，并在被人发现之前杀死了博德。

对哈利和罗恩来说幸运的是，有一个简单的方法可以逃脱魔鬼网的束缚。你越是努力反抗，魔鬼网就会勒得越紧，你就会窒息得越快，但如果你保持静止，就可以诱使魔鬼网放松对你的捆绑。多亏了斯普劳特教授的植物学课，赫敏才得以逃脱魔爪，然后用魔法火焰逼退了它的触手，成功地救出了惊慌失措的罗恩。魔鬼网长出的那些快速运动的藤蔓确实令人印象深刻，而在现实世界中，也有许许多多迷人而致命的植物。

马来王猪笼草：猪笼草之王

这仿佛是从魔法世界中爬出来的东西。马来王猪笼草，又名王侯猪笼草，它的学名是"nepenthes rajah"，这听起来不太像植物，倒更像是咒语。这种猪笼草原产于马来西亚婆罗洲，是一种蔓生植物。这种植物长着巨大的罐形陷阱，其中最大的陷阱可以捕获并消化小型哺乳动物，青蛙和蜥蜴。这种死亡方式十分缓慢。当一只命运多舛的动物掉进罐形陷阱后，它先是会被淹死，然后再慢慢地被罐中的液体消化掉。这种陷阱实际上是一片杯状的叶片，内部有光滑的蜡质表面，因此很难从里面爬出来。学者们发现，小

107

型啮齿类动物的身体可能需要数月的时间才能在里面慢慢被消化掉，直到最后消化液中只剩下骨头。

猪笼草的茎充满了向上攀爬的野心。一般情况下，它会沿着地面生长，但它也会尝试去攀爬任何与它接触的、并且能支撑起它的东西。这种茎很可怕，它可以长到 6 米。昆虫，尤其是蚂蚁，是生长在空中或地面上的猪笼草的主要猎物。

这种卑鄙的植物也有好的一面。虽然猪笼草以诱捕毫无戒备的生物而闻名，但猪笼草的笼子也是许多其他生物的宿主。猪笼草是许多生物共同的共生母体，而这些生物离开猪笼草则无法在其他任何地方生存，例如王侯库蚊和王侯巨蚊。

狸藻：看似无辜

就像圣芒戈医院里的魔鬼网一样，这种植物一开始看起来很小，也很无害。但是顶着狸藻这样的名字，植物学家可能还是会觉得它有些不同寻常。尽管狸藻开着美丽的花朵，但实际上它在捕捉猎物方面与猪笼草和魔鬼网同样厉害。狸藻这个名字指的是类似皮囊的陷阱，狸藻用这种陷阱来捕食小型生物。它们以陆生或水生物种的形式生长在淡水或潮湿的土壤中，遍布在地球上除了南极洲以外的每一片土地上。

狸藻的动作十分迅速。它的陷阱只需要万分之一秒就可以弹出来。水生狸藻的陷阱门是机械式触发的，触发后，它会将猎物和周围的水一起吸入囊中。狸藻陷阱被认为是植物界最复杂的结构之一。但幸运的是，它的猎物相对较小。这种水生狸藻一般会捕食水蚤、蚊子幼虫和幼蝌蚪等猎物。它会抓住这些猎物的尾巴，再一点一点地吞吃掉它们。

捕蝇草：经典肉食植物

捕蝇草是麻瓜世界中经典的肉食植物，它会用生机勃勃的叶片将猎物围在中间，形成一个捕猎陷阱，这点很像魔法植物魔鬼网的魔爪。

捕蝇草是大自然的奇迹。人们一般都想不到植物会移动，但捕蝇草可以用它锯齿状的叶子捕捉昆虫，当猎物触碰到叶子表面的细毛时，叶子就会动起来。

捕蝇草的机械原理很复杂。想象一下，一只愚蠢的蜘蛛爬到了捕蝇草叶子的内侧。如果蜘蛛触动了叶子表面的一根细毛，如果叶片在第一次触动后的 20 秒内又感觉到第二次触动，那么它就会迅速关闭陷阱出口。这种看似麻烦的触发方式其实是一种保障机制，这样捕蝇草就不会因为捕捉没有营养价值的东西而浪费能量。捕蝇草只有在经过五次这样的刺激后才会开始消化，以确保它抓到了一只值得大嚼的活虫子。捕蝇草还进一步优化了捕食功能，它快速关闭陷阱的速度取决于湿度、光线、猎物大小和生长条件。陷阱关闭的速度是植物总体健康状况的一个有用的指标，尽管对它的猎物（包括甲虫、蜘蛛和其他爬行的节肢动物）来说，可并非如此。

捕蝇草拥有一些非常著名的粉丝。地理植物学的创始人约翰·道尔顿·胡克是位于伦敦克佑区的英国皇家植物园的园长。他和他最亲密的朋友查尔斯·达尔文对食肉植物有着浓厚的兴趣，达尔文把捕蝇草称为"世界上最奇妙的植物之一"。

大猪草：最新的条目

大猪草是一种噩梦般的植物。许多植物通过摄入被证明是有毒的，但这种能长到 2.5 米高的大猪草单靠碰触就可以让你中毒。它就像某种来自外星的物种，因为它会利用地球外的星体——太阳，来下毒！大猪草具有光敏的特性，它会渗出一层厚厚的汁液，在接触时覆盖在人类的皮肤上。这种汁液会立刻与太阳光发生反应，并开始进行化学反应，灼烧皮肤。这种灼烧性的接触会导致组织坏死，并在皮肤上留下巨大的紫色瘢痕。难以置信的是，这种瘢痕可能会持续数年。更令人担忧的是，如果眼睛与这种汁液接触 1 分钟，就可能导致永久性失明。毫不奇怪，大猪草已经成了麻瓜有毒植物管控部门的优先应急控制目标。

药学：如何从特殊植物中提炼出强大的药剂？

有种盎格鲁－撒克逊人称作"水精灵病"的疾病，据说就是水痘。当时治疗这种疾病的方式包括了混合本草学、魔法咒语、神话和宗教。治病的医生被叫作"巫医"，他们在给患者治病时，会让患者喝下圣水与"英国草药"的混合物，同时一遍一遍大声念颂："愿大地尽其所能毁灭你！"和其他许多古老的文化一样，中世纪的修道士相信，这种疾病也与上帝和精神世界有关。

根据魔药大师西弗勒斯·斯内普所称，魔药制作背后存在着一种"微妙的科学和精确的艺术"。魔药大师擅长将各种物质混合在一起，制成液体魔药，这些魔药会在饮用它们的人身上产生神奇的魔法效果。大致说来，魔药能用天然成分和魔法的混合物扰乱人们的生理系统。

根据 J.K. 罗琳的说法，麻瓜是不可能做出魔法药剂的。即使他们得到了一本魔药书和正确的配方，但总还是必须用到魔杖的法力来制作药剂。

虽然没有魔杖，但这一点并没能阻止麻瓜们制造出一些混合物，用来治病，或给我们的日常事务提供帮助。从发现某些食物的特殊功效，到尝试将不同用量的天然产物混合在一起，人们通过这种创新方法制作出了强大的药剂，尽管没有魔法，但仍然效果非凡。问题是，麻瓜是如何做到这一点的呢？

大自然的药品柜

自然界中有许多对人类有害的化学物质，但从另一个方面来说，也有许许多多已知或未知的天然产物可以让我们在日常生活中受益。例如，南部非洲的桑人在狩猎或长途旅行时会吃蝴蝶亚来抑制食欲。其他一些常见的草药有生姜、白芍、月见草、水飞蓟、人参和贯叶连翘等。

这些草药对我们十分有用，其关键原因在于它们的化学成分。植物会大量生产出各种不同的化学物质，来帮助它们发挥功能。所有植物细胞中都存在着碳水化合物、维生素和蛋白质等初级代谢产物，这些初级代谢产物对于它们的生长、发育和繁殖至关重要。次级代谢产物来源于初级代谢产物，每种植物所产生的次级代谢产物都不同。次级代谢产物是一种化合物，能够吸引或抵御其他可能给植物授粉、感染植物或试图以植物为食的生物体。

植物产生的化合物对它们自己都是十分有益的，但是其活性成分对我们的生理系统产生的影响既可能是正面的，也可能是负面的。药剂师在开发药物时常常利用这些影响。

有三种次级代谢产物与药物特别相关：酚类、萜类和生物碱，我们稍后再讨论生物碱。植物产生酚类化合物可以为植物抵御病原体（即致病微生物）。我们常用于抑制痤疮的水杨酸就是一种酚类化合物。它的一个优化版本也被用来制造阿司匹林。萜类化合物是最大的一类次级代谢产物，它们是精油中的主要成分，对昆虫有毒，同时还能保护植物免受细菌和真菌的感染。有些萜类化合物可以用于治疗癌症、疟疾、炎症，以及各种病毒性或细菌性传染病。

积累知识

对于任何以植物为食或需要与植物互动的生命体来说，能够识别危险植物和有益植物之间的差别，这点对它们的生存至关重要。这不仅仅是要识别植物整体，还需要确定植物的哪些部分可以食用，或者可以安全处理。例如，我们可以吃芦笋的茎，但它的果实是有毒的；虽然我们经常吃西红柿的果实，但它的叶子是有毒的。更臭名昭著的植物还有毒藤和毒芹，它们连触碰一下都容易中毒；曼尼奈尔树也是如此，它含有剧毒的果实和汁液。

在没有特别技术帮助的情况下，土著人只能依靠感官得到的线索来确定植物潜在的化学成分。除尝试食用这些植物看看情况之外，也没有什么其他方法能让土著人真正搞清楚植物的特性。人们就是通过这种反复试错的方法，积累了大量关于植物以及它们对人体影响的知识。在群体中，有些人会利用这些关于植物的知识来制造药物。这些药剂师们使用他们的技能来预防、诊断、改善或治疗人们的身体和精神疾病。

关于药用植物最古老的书面记录可以追溯到约 5000 年前。有一块来自那格浦尔的黏土碑，上面提到了罂粟、莨菪和曼德拉草等植物。另外还有一本约 3500 年前古埃及的《埃伯斯纸草文稿》，其中记载了数百种药剂配方，配方用到的成分包括大蒜、没药、芦荟和薄荷等。根据英国皇家植物园最近的一项研究估计，目前世界上至少有 28187 种植物被记录为药用植物。

老药房

药理学是关于药物如何影响生命系统的研究。然而几千年来，药理学用的都是拉丁名称 "materia medica"（拉丁语 "药物学"）。"materia medica" 一词来源于公元 1 世纪古希腊医生佩达尼乌斯·迪奥科里斯所著的一本书的书名。这本书一直被中世纪的医生所推崇。

当时，欧洲的主要行医群体被称为药剂师。这些人基本上都是专门经营草药、葡萄酒和香料的杂货商。长期以来，他们制作、储存、并向大众销售糖果、香水和药物。到了 16 世纪中叶，他们主要经营专业医生使用的产品。当时的他们大致上就相当于我们现代的社区药剂师。

到了 17 世纪，被称为草药学的植物药用书籍开始受到重视并广为人知，例如约翰·杰拉尔德的《草药书，或植物通志》和库尔佩珀的《草药全书》。库尔佩珀的书实际上被 J.K. 罗琳当作了灵感来源，为《哈利·波特》中一些听起来像 "巫术" 的植物名称提供了灵感，比如蟾蜍草、跳蚤草、艾蒿和结缕草。

在英国，到了 1704 年，法律规定了药剂师可以开处方和配药，1815 年通过了《药剂师法案》，以更好地监管该领域，这也标志着医疗监管的开始。直到 20 世纪 20 年代，药剂师协会仍在生产和销售医药产品。如今，药剂师已经演变为全科医生，即社区全科医生。

19 世纪初，化学分析开始兴起，这意味着科学家可以从植物中提取和修饰活性成分，而不仅仅是一整个儿地加工植物的叶、根或花。这样，治疗方法就可以针对某种特定的疾病，而不必让患者接触到植物中可能存在的其他外源性化合物。

从那时起，生物医学开始主导欧洲的医疗实践，它应用了 "自然科学的原理，尤其是生物学和生物化学"。那么，它们是如何将活性成分从植物中提取出来，并制成现代药物的呢？

新药研发

为了从植物中获得必要的生物活性化合物，科学家必须把它们提取并分离出来。首先，需要把新鲜或干燥的植物磨成粉末，然后将其浸泡进水或有机溶剂中（浸泡法），或进行缓慢过滤（渗滤法）。使用的溶剂会影响被提取的化合物。例如，单宁和萜类化合物可以通过水或乙醇溶剂提取，而花青素只能通过水或甲醇溶剂提取。对于生物碱来说，乙醇或乙醚是合适的溶剂。无论使用哪种工艺或溶剂，都必须确保活性成分不会受到不利影响、被丢失或被破坏。

通过萃取，通常可以得到多种化合物。为了分离这些化合物，需要用到分离和纯化技术，例如色谱法。色谱法是一种让不同化学物质在通过溶剂时以不同速度移动的方法。在经过一段时间后，在溶剂中的不同位置上可以发现不同的特定化合物。

然而，得到的活性成分并不一定就是成品药。通常，需要将活性成分与其他物质结合，例如甜味剂、防腐剂、香料、润滑剂和溶剂（加入到液体或凝胶混合物中，能够帮助将活性成分带入体内的物质）等。这些被称为辅料的添加剂在药理上是惰性的，也就是说它们对我们不会产生特别的生物作用。

不同的成分也可以混合在一起，以增加身体对它们的吸收，或者让它们同时靶向身体的不同区域。然而重要的是，我们必须知道这些物质是如何随着时间的推移而分解的，以确保药物在货架上放置一段时间后，或暴露于特定温度、再或者与某些特定物质接触时，不会突然产生毒性。

一些药物也可能引起不良副作用或者健康和安全问题，于是，科学家们试着自己合成化合物，以达到更好的疗效，它们是天然化合物的改良版本。例如，科学家们对氯仿和乙醚都做了改良，以降低它们对肝脏的毒性和可燃性。治疗窗是药物有效且无毒的剂量范围，药物的安全剂量必须处于治疗窗内，并且必须根据服用者的体型大小进行调整。特定的治疗窗是通过实验来确定的。最近，这些实验也包括了使用计算机模型进行计算，以及针对特定细胞进行细胞实验，之后再进行动物试验和人体临床试验。

来自特殊植物的强力药剂

来源于植物的药剂被称为植物药剂，例如柳树中的水杨酸。阿司匹林中的活性成分是一种被称为乙酰水杨酸的改良型化合物。还有来自于芦荟的芦荟苷，它属于蒽醌类化合物。蒽醌类化合物是一种具有通便作用的药物，通过增加肠道蠕动和降低肠道对水的吸收而起效。

到目前为止，应用最广泛的植物化合物是生物碱，它们通常具有苦味，往往能对人类和其他动物产生多种强大的生理作用。它们与兴奋剂和迷幻剂一样，与精神作用密切相关。1804 年，吗啡成为第一种被分离和结晶出来的生物碱。

20 世纪 50 年代，人们发现玫瑰色长春花中含有能够抑制癌细胞生长的生物碱化合物。这种生物碱的发现和使用帮助降低了霍奇金病和急性淋巴细胞白血病患者的死亡率，这是当时两种最致命的癌症。其他著名植物来源的生物碱包括作为兴奋剂的咖啡因和尼古丁、来自古柯树（其叶子是一种局部麻醉剂）的可卡因以及奎宁（一种抗疟疾化合物）。毒芹和士的宁也被认为是生物碱。

世界上那些尚未发现的奇特植物或许能够提供对我们的身体更具影响力的药物化合物。制药产业规模十分巨大，而制药公司在研发上则投入了大量的资金和精力，好在最终还是得到了回报，因此，我们有理由去寻求更多的制药解决方案。一种逐渐流行起来的方法是进行生物勘探，即寻找新的植物物种以及它们可能产生的新化合物。从本质上说，这就是神奇植物如何给制造特效药提供成分来源的方式。

间谍机构真的会使用吐真剂吗？

　　人们常说，有三样东西是无法隐藏太久的：太阳、月亮和真相。真相很少是纯粹的，也从不简单。然而在《哈利·波特》的世界里，人们仍然试图把它装进瓶子里。吐真剂是一种强效的魔法药水，它能迫使服用者如实回答向他们提出的任何问题。吐真剂的使用受到魔法部的严格监管，魔法部也承认有对抗这种药剂的方法，比如服用解药或施以大脑封闭术。

　　任何一位精通药剂的大师都会证实，吐真剂具有复杂的化学成分。经过仔细合成后，液体不仅清澈无色，而且没有气味，这使得这种药剂几乎无法与水区分开来。西弗勒斯·斯内普教授认为，这种液体在使用前需要放置一段时间，等魔药放熟了才能使用，并强调在制造这种液体的过程中还有其他困难。吐真剂这个名字来源于拉丁语"veritas"（真实）和"serum"（液体）。

　　吐真剂的天才之处一部分在于它能变色的化学属性。它在许多特性上与水相似，这意味着它很容易与大多数饮料混合在一起。三滴吐真剂就足够让使用者泄露他们内心的秘密。而且，至少在理论上，这种药剂能够对使用者的身体和精神施以魔力，迫使他们对任何问题都说实话。当然，这些"实话"是根据饮用者所认为的真相说出的。

　　然而，吐真剂的使用也有其局限性。在具有魔法管辖权的法庭上，在审判中使用吐真剂被认为是"不公平和不可靠的"，就像麻瓜法庭上通常会禁止使用测谎仪测出的证据一样。由于一些魔法师能够用他们的技能来解除吐真剂的效果，而另一些魔法师则没有这种能力，因此在审判中，使用吐真剂并不一定能确定被告人无罪或有罪。

记忆是一种复杂的东西。它与真相有关，但并不完全相同。魔法师们意识到一个事实：说真话的人说出的只是他们所认为的真相。在讨论中还需要考虑到说话者本人的理性程度，和他们对真实情况的掌握程度。因此，尽管说话人的回答有可能是发自内心的，但不一定就是真实的。小巴蒂·克劳奇的证词就是个例证。他的一些回答在他自己的头脑和记忆中是真实的，但审讯他的人知道，那些回答是假的。由于克劳奇自身的原因，阻碍了吐真剂完全起效。那么在麻瓜的世界里，尤其是在阴暗的间谍组织里，也有类似的吐真剂吗？

吐真剂之东莨菪碱

某种超级吐真剂一直是全世界间谍所追求的目标。在过去，暴行，是他们首选的武器。与其像福尔摩斯那样去艰难地寻找证据，做一堆正确的科学工作，还不如直接把嫌疑人痛打一顿，逼问出真相来得节省时间。英国人对暴行并不陌生，甚至早在帝国时代之前，暴行就已经开始了。正如詹姆斯·菲茨詹姆斯·斯戴芬爵士在《英国刑法史》第一卷中所描述的那样，"他们将那些人的大拇指或脑袋吊起来，在他们脚上挂火把；他们用打结的绳锁套在那些人头上，扭动绳索，让绳索勒紧脑袋……他们把一些人塞进又短又窄又浅的箱子里，再放进锋利的石头，把那些人压在里面，让石头弄断他们的四肢……我不能，我无法完全说出他们对这片土地上的穷苦人所造成的所有创伤和折磨。"

到了帝国时代，英国人已经很熟练地使用暴行。弗吉尼亚·伍尔夫的叔叔、英国法官及反自由主义作家詹姆斯·菲茨詹姆斯·斯戴芬爵士在《英国刑法史》第一卷中描述了这些酷刑和其背后的真相："舒舒服服坐在阴凉的地方，往一些可怜的魔鬼眼睛里抹红辣椒，这可比在阳光下四处寻找证据要愉快得多了。"随着化学的发展，即便是抹红辣椒似乎也嫌太麻烦了。

于是，间谍们用起了"吐真剂"。许多药物被认为可以极大地放松服用者的防御心理，以至于他们不得不吐出所有隐藏的真相。当然，尽管用药剂比用酷刑要好些，但它仍然会引发有关个人权利和自由的问题。而且，就像在魔法世界一样，在过去几十年里，对这种药物的使用也引发了医疗法律的争议。

第一种算得上吐真剂的药物是东莨菪碱，这是一种用于治疗晕动病和术后恶心的药物。早在 20 世纪初，医生们就开始使用东莨菪碱，并同时使用吗啡和氯仿，以便在母亲分娩时帮助她们进入"朦胧睡眠"状态。1922 年，达拉斯一位名叫罗伯特·豪斯的产科医生想到，东莨菪碱或许也能用于审讯犯罪嫌疑人。在孕妇身上，东莨菪碱会使她们产生镇静、困倦、方向感混乱的状态，并且遗忘药物作用期间的事。然而，处于这种"朦胧睡眠"状态中的女性不仅能非常准确地回答问题，而且她们的回答往往惊人的坦率！豪斯医生开始相信，如果犯罪嫌疑人服下了东莨菪碱，那么他们"不能说谎……也没有思考或推理能力。"随后，"吐真剂"的想法便在全世界传播开来。

在 1921 年至 1929 年间，豪斯医生发表了十几篇关于东莨菪碱的论文。豪斯医生作为"吐真剂之父"的名声变得如此臭名昭著，以至于审讯者会假装威胁嫌疑人要给他们服用"真相药剂"，用这种方法从紧张的嫌疑人嘴里套出供词。但是，这种药物会引起多种副作用，包括幻觉、感知障碍、头痛、心跳加速、视力模糊等，这些副作用很容易让嫌疑人说的话偏离正题。

吐真剂之硫喷妥钠

再后来，电影中出现的邪恶的吐真剂是硫喷妥钠。虽然硫喷妥钠是早在 20 世纪 30 年代开发出的药物，但在一些国家，警方和军方至今仍在审讯中使用硫喷妥钠。硫喷妥钠是一种麻醉剂，属于巴比妥类药物中的一种。这类药物在 20 世纪 50 年代和 60 年代期间被广泛用于帮助改善睡眠，其工作原理是减慢信息在大脑和身体中传播的速度。体内巴比妥类药物越多，化学信息就越难跨越神经元之间的间隙，于是传播就会越慢。硫喷妥钠能很快降低思维速度。科学家们发现，当嫌疑人处于清醒和睡着之间的"朦胧区间"时，他会进入"朦胧状态"，变得健谈和放松。但是，当药物作用逐渐消失时，他们会完全忘记自己方才说的话。他们可能会坦白交代，事后却不知道自己已经坦白了。

　　但是硫喷妥钠在审讯中真的有效吗？研究发现，这种药物无疑会让你更愿意说话。在它的影响下，你也会很容易被暗示。这是因为这种药物会干扰你的高级中枢神经，比如你的大脑皮层，而你就是在那里做出诸多决定的。然而还有一个值得担心的风险，那就是你会说出审讯者想听的任何话，可那却不是真相。巴比妥类药物有时可以在审讯中起到作用，但即使在理想条件下，它也会使得服用者在滔滔不绝的倾诉中出现欺骗、幻想和胡言乱语。不过，还是会有些人能抵抗这种服药后的审讯，那些经受得住普通审讯的人往往也可以经受住麻醉状态下的审讯。到目前为止，还没有出现真正的、传说中那样的吐真剂。

人类能像斯内普一样，
研究出摄神取念和大脑封闭术吗？

　　思想不是一本书，西弗勒斯·斯内普教授这样认为。我们不能随意翻开思想，轻松地分析它。魔术师们的思想也并非"蚀刻在头骨内侧。"相反，思想就像是一个精神的洋葱，它是一层一层组成的复杂机体。然而，那些掌握了必要能力的人仍然可以深入研究别人的思想。

　　在《哈利·波特》的世界里，"摄神取念"是一种神奇的技能，你可以使用它穿过魔法师头脑中的无数层意识，并正确地理解你在其中发现的东西。像斯内普那样，能够熟练施展这种心理探测术的魔法师被称为"取念师"。对于麻瓜来说，这种技能大多被称为读心术。不过，实习魔法师们会自然地认为摄神取念跟读心术差不多。

　　与摄神取念相对的是大脑封闭术。魔法师们利用大脑封闭术来保护他们的思想不受入侵。伏地魔到处使用摄魂取念，他既不用魔杖也不用语言，就能侵入魔法师们的思想。事实上，伏地魔被认为是有史以来最厉害的取念师，虽然主要是他的食死徒这么认为。尽管如此，哈利还是必须掌握好大脑封闭术才能把自己的思想隐藏起来，不让伏地魔知道。

　　"大脑封闭术"这个词本身就让读者想起了神秘学。神秘学是关于隐藏着的事物的知识。神秘学也常指超自然的知识，它与可观测的知识（通常指的是科学）相对。那么，对于这种神秘主义实践，科学会怎么说呢？

关于心灵的幻想故事

神秘主义者关于精神力量的观念已经伴随我们几个世纪了。如果艾萨克·牛顿没有受到"距离下的作用"这种神秘概念的启发，或许他就不会提出万有引力理论。牛顿对粒子间相互吸引和排斥的神秘力量的运用，影响了英国经济学家约翰·梅纳德·凯恩斯的观点："牛顿不是理性时代的第一个人，他是最后一个魔法师。"

神秘学的研究与隐藏的智慧有关。对于像牛顿这样的神秘主义者来说，这是对一种更深层的、更深刻的、隐藏在表面之下的真理之研究。关于这种更深层次的精神世界，人们写了很多超越了纯粹理性和物理科学的科幻小说。许多这个领域的作家认为，在隐藏世界中重新发现的某些力量，或许会在我们未来的进化过程中成为现实。

"精神力"是所有精神力量的统称，是隐藏现实中的元素之一。这个名字源于对超心理学的研究，是科幻小说中广泛使用的一个术语。在 20 世纪 50 年代初的美国，小约翰·W. 坎贝尔曾在科幻杂志《惊奇故事》上推动了一股"精神潮"，在那段时期，"精神力"一词使用得尤其多。另一个相关的术语"灵能学"起源于 20 世纪 40 年代末和 50 年代初，它将代表超心理学的"精神"一词与"电子学"一词放在一起，组成一个新词"psionics"，即灵能学。同样，坎贝尔是关键人物。灵能学主要围绕电子学在心理研究中的应用而展开。

早期使用的一种仪器叫作"希罗尼姆斯机器"。从字面上看，这种机器是托马斯·加伦·希罗尼姆斯博士发明的，但真正大力推广了这种机器的，则是坎贝尔在《惊奇故事》科幻杂志上所做的广泛宣传。希罗尼姆斯机器是真实机器的一个模拟品。据称，他们通过类比或象征的方法进行工作，能够通过精神力来控制。例如，人们可以通过使用简单且廉价的硬纸板或示意图来制作一个接收器，也可以制作成棱镜或真空管那样的类似装

置。通过使用精神电源，这样做出来的机器能像真实机器一样工作。坎贝尔声称，这种机器确实能如此运转。一点不奇怪，他这个概念在其他地方从来没被谁认真对待过。尽管如此，幻想作家们仍然会预想，在未来，人类能够掌握和利用这种精神能力。

克拉克所著的《童年的终结》是个典型的例子。有一天，巨大的外星飞船突然出现在地球上所有大城市的上空，太空时代的第一个黎明就这样突然结束了。外星人跟宇宙霸主迅速结束了原本地球上的军备竞赛和殖民主义。这听起来是不是很熟悉？自那本小说之后，这种想法又在电影中反复出现。在《童年的终结》这本书中，外星入侵一百年之后，人类的孩子们开始显示出精神力。他们发展出了心灵感应和心灵遥控的能力，并且与父母逐渐变得疏远。"霸主"们来到地球的目的终于被揭开了：他们服务于"主宰"，那是一个没有固定形态的、以纯能量形式存在的地外生命。"霸主"们肩负着的重任是促进人类向更高阶的存在形式过渡，并最终与"主宰"融合。

关于心灵的事实

让我们再核对一下实际情况。有趣的是，在

1990 年重印版《童年的终结》的序言和部分修改中，克拉克试图澄清伪科学的部分："如果这本书进一步助长了对轻信者的诱惑——现在所有媒体都在玩世不恭地这样做，那么我会非常难过。书店、报摊和广播都被关于不明飞行物、灵力、占星术和金字塔能量之流的腐朽思想给污染了。"

那么，读心术到底有什么问题？关于人类在未来发展出心灵感应能力这件事，其前景究竟怎么样？目前在我们的星球上，最接近心灵感应的是鲨鱼的感知方式。鲨鱼和其他几种鱼类已经进化出了一种电敏感性。它们用一种名为罗伦氏壶腹的器官来感知其他鱼类和蠕虫的神经冲动，因为猎物会试图将自己埋在海底的沙子中，好远离捕食性鲨鱼。

但是，脑对脑直接读取思想需要某种电磁传输。就算除了电磁传输之外，还有另一种潜藏的聊天通道，那这两个互相交流的大脑也必须完全匹配——也就是说，两个大脑中相同的神经细胞必须具有完全相同的功能。我们已经知道了麻瓜们的大脑并非如此匹配，即使是同卵双胞胎也一样。人们通常认为同卵双胞胎具有心灵感应能力，但实际上他们的大脑并不比其他麻瓜更能完全匹配。即便是双胞胎，他们小时候的经历也是截然不同的，这种经历的差异会使每个大脑形成不同的神经细胞联系，富有许多种不同的内涵。简而言之，一个概念，例如魁地奇，在每个麻瓜的脑神经里都存在着细微差别。

魔法师也是如此。不同的人生经历塑造了不同的大脑，也形成了不同的心理结构。这种思想之间的差异使信息很难从一个魔法师传递到另一个魔法师。跟麻瓜的头脑一样，魔法师的头脑也不尽相同。

对麻瓜来说，心灵感应技术可能更有希望。在未来，我们也许能够开发出某种灵能仿生系统，这种计算机技术可以将麻瓜的大脑与人工系统相连。例如，可以在脑内植入内置调制解调器，通过它将信息发送到另一个人的脑内设备中，之后第二个人再通过脑内设备把信息传达给接收人。对于那些不太内行的人来说，从表面上看起来这可不就是心灵感应嘛！

大自然能进化出三头犬路威吗？

　　历史上有过很多地狱犬。这些民间传说中超自然的犬类通常是地下世界、超自然世界或者死者王国的守护者。有时，即使他们的名字是"毛毛怪路威"，它们也能在霍格沃茨城堡中守卫魔法石。

　　路威是海格从破釜酒吧一个希腊人那里买来的一只三头犬，体型巨大，十分凶恶。它最大的弱点是一听到音乐就会立刻睡着。哈利、罗恩和赫敏第一次碰到路威是在城堡三楼的禁区里。赫敏一如既往敏锐地注意到，和历史上的其他地狱犬一样，路威也在守卫着什么东西。它站在一扇活板门上，后来三人推断出，这是通往魔法石的路。

　　当这三位同学再次碰到路威的时候，哈利随身带了一支笛子，这样就可以吹笛子让路威睡着。魔法石被摧毁后，路威的任务就完成了，于是海格立刻把路威带到禁林，让它自由了。不久之后，邓布利多把路威送回了它的祖国希腊。

　　电影版的路威看起来像是一种来自英国的、被称为斯塔福郡牛头梗的犬类。为了让它的三个头显得更真实，每个头都被赋予了个性：一个"聪明"，一个"机警"，还有一个"困倦"。那么，大自然能进化出三头犬路威吗？

多头怪物

多头怪物在科幻传说中有着悠久的血统。赫拉克勒斯是古希腊神话中宙斯的儿子，他在干活时曾遭遇了一只九头蛇怪。赫拉克勒斯发现，砍掉这可怕怪物的任何一个头，它都会立刻重新长出一个新头。现在，一只身体部位可以再生的多头怪物是个很棒的科幻小说素材。但像九头蛇和三头犬这样的怪诞想法到底是从哪里来的呢？科幻小说作家们能从自然界中得到灵感吗？

多年来，学者们记录了不少多头生物的案例。20 世纪 40 年代，一个双头海龙胚胎被戏称为"小不点怪物"。再后来，生物学家们在实验室里见到了许多双头生物的例子。利用现代遗传学，学者们已经明白了可能导致这种现象的基因突变和细胞移位。可能正是古代这些类似的生物变异现象启发人们创造出了最初的怪物神话。古代讲故事的人可能看到过这种异常现象，并将它们融入了故事中。

在野生动物中，偶尔会发现双头甚至三头的动物。这种现象被称为多头现象，它并不局限于任何一种动物。最近几年，在墨西哥湾发现了一只双头的牛鲨胎儿，还有一只双头海豚被冲上了土耳其的海滩。这两个例子都是连体双胞胎，是卵子在受精后没能分离而发育形成的。这样的连体双胞胎通常会有两副内脏，甚至两副四肢。

多头生物的名单可以追溯到数百万年前。它不仅包括蛇、海龟和猫，还包括古生物学家在化石中发现的那些古代怪物。进化论者认为，许多机制都可能会导致动物长出不止一个头部或面部。头部是动物趋同进化的一个例子，它是在不同的物种群分别独立进化而来的。头部似乎是种十分有用的自然进化结果，可以在各种各样的生物中出现。这就是为什么有如此多的感觉器官，如眼睛、耳朵、鼻子和嘴巴，都长在头上。

音猬因子基因

多头现象的根源在基因层面。有一种基因影响很大，尤其是对脸的宽度，它被人们称为"音猬因子"（英文为"Sonic Hedgehog"）。这个名字是根据一组刺猬基因命名的，这组基因发生突变后，会使果蝇生来就带有棘刺状的身体结构，看起来有点像刺猬。

脊椎动物都有这组音猬因子基因。如果这组基因在胚胎发育过程中增强，就会发生奇怪的事情。胎儿的头部可能会变得很大，于是，你有了两张脸，而不是一张。我们也许能造出三头犬路威，但我们现在的技术水平还没完全达到。现在，音猬因子基因只能产生出好几张脸，而不是好几个头。要想从一个独立的身体里再长出一套完全独立的颈部和头部，就必须调用早期胚胎中的一组细胞，它们被称为组织者。学者们已经开始研究为什么会出现这种异常的发育步骤，并发现其中一个关键因素似乎是温度。例如，一位生物学家发现，较高的水温能够导致双头斑马鱼胚胎的发育。

自然或许激发了幻想，但反过来，幻想也会激发科学。关于赫拉克勒斯的古老传说启发了瑞典动物学家卡尔·林奈，他将一种构造简单的淡水生物——水螅，命名为"Hydra"，即九头蛇。林奈于 1758 年发现了这种微小的水生动物，它们特别令人着迷，因为它们身上有许多形状像蛇一样的悬垂物，甚至能像神话中的九头蛇一样再生。

麻瓜们在心理上很容易被自然界的异常所困扰。他们这种反应能帮助我们解释，为什么路威只因为有三个头就让它成了如此可怕的怪物。事实上，把双头海龙的胚胎叫作"小不点怪物"，这也表明了人类在面对多头畸形时会感觉不适。并且，这也意味着，三头犬远远不是人类神话传说中唯一的多头怪物。日本有一个古老的传说，"八岐大蛇"，讲的就是一条八头蛇。斯拉夫神话中的斯拉夫巨龙是一条三头巨龙。当然，赫拉克勒斯还得对付另一种野兽，多头犬塞伯勒斯。

因此，大自然已经通过许多方式进化出了自己的三头犬路威。地球上仍存在着众多生物的多头现象，在等待着科学家去发现和探索。但考虑到多头生物在野外和圈养环境中的存活率都很低，对世界各地的麻瓜来说，多头这个特征很可能仍然是一个不正常的、令人不安的景象。长成这样的生物代表着诸多挑战，其中之一是，它是个很难被轻松打败的对手。而且与野生多头动物不同，这种传说中的多头怪物还颇具悠久的文化历史，寿命绵长。

在何时何地能找到龙?

中国火球龙有猩红色鳞片，匈牙利树峰龙有黄色眼睛和青铜角，挪威脊背龙有黑色脊骨，秘鲁毒牙龙有铜色鳞片，龙在传说中的形象千奇百怪。龙在《哈利·波特》的世界里也扮演着一个极富想象力的角色。

就连霍格沃茨学校的校训都是"draco dormiens numquam titillandus"（魔法师咒语），翻译为"永远不要去逗沉睡的龙"。霍格沃茨的猎场看守人鲁伯·海格极度热爱龙。在很短的一段时间里，海格照顾着一只名叫诺伯特的挪威脊背龙。不过当证实了诺伯特是"女性"时，它很快被改名为诺伯塔。

在魔法世界里，从龙的身上能获得各种有价值的资源。不过怎样能得到这些资源可是个挑战，因为仅仅打昏一条龙就需要十几个魔法师。麻瓜们认为龙只是个神话，因为怕被麻瓜看到，所以世界各地的龙都被隔离在远离人类居住的特别保护区里。尽管有人曾试着驯化龙，但它们根本无法被驯化。魔法师中专门研究龙的动物学家被称为龙学家。

民俗学家可以证实，人们幻想中的龙常常具有许多其他生物的特征。来自印度的龙可能有大象的头，来自中东的龙可能有狮子或猛禽的一部分，或者有许多蛇头。而龙身体的颜色也与龙所处的文化环境相呼应，从绿色、红色或黑色，到罕见的黄色、蓝色或白色。但如果哈利想找到一条龙，那么他在何时何地才能找到呢？

龙的历史

龙可能是人类幻想中最久远的生物。它们装饰着威尔士、不丹和马耳他的国旗。在中国古代，它们也出现在各种旗帜上。它们在全球许多文化中广为人知，出现在电影、奇幻小说和电子游戏中，但它们的历史则是漫长而古老的。对于龙的故事最早出现的时间和地点，我们不甚清楚。但到了古希腊人和苏美尔时代，已经有关于巨大而凶猛的飞蛇的传说了。历史也曾以稍平和些的眼光看待龙。与其他神奇动物一样，它们通常和蔼可亲，会保护其他生物，但像许多野生动物一样，它们有时也会是狡猾和危险的。

到了中世纪，西方大多数人对龙的看法都来自圣经。事实上，大多数虔诚的人都相信龙的存在。让我们看看《约伯记》第41章中关于恶龙利维坦的证据：

"我一定要说说利维坦的肢体、它的力量和它那优美的外形。谁能剥去它的外衣？谁能穿透它的双层盔甲？谁敢打开它那利齿环绕的嘴？它的背部有一排排紧紧连接在一起的盾，每一片盾甲都牢牢覆在另一片上，甚至连空气都无法通过。盾甲紧紧相连，紧紧贴合，不能分开。它喷出的鼻息中带着闪光，它的眼睛如同黎明的光线。火焰从它的嘴里滚滚流出，火花四溅。泪泪浓烟从它的鼻孔中冒出，就像锅架在燃烧着的芦苇上，锅内沸腾着冒出滚滚烟气一样。它的气息能让煤火熊熊燃烧，它的嘴里喷涌出火焰。"

龙，成了为数不多的被赋予强大力量的奇幻生物之一，是一个值得勇士们屠杀的可怕敌人。小说家们创造了正义冒险家和虔诚圣徒的神话，他们纷纷踏上寻找和征服恶龙的旅程，因为恶龙正是撒旦的一个合适的象征。龙，也成了火之吐息的代名词。

中世纪的艺术家们，例如荷兰的天才画家耶罗尼米斯·博斯，描绘了盘旋于地狱入口上方的喷火龙。仔细看看博斯所画的《人间乐园》，在画面右边，你会发现这条奇怪的龙，它正高高地翱翔于地狱深渊上方。地狱之门经常被描绘成怪物的嘴，地狱的烟雾和火焰从中喷涌而出。对于那些相信地狱真实存在的虔诚信徒来说，撒旦恶龙的存在并不是那么轻松的一件事。

毕竟，在那个年代里，人们相信女巫、狼人、天使和恶魔是真实存在的，人们对异端和迫害也司空见惯。1458 年，一头猪因谋杀罪在勃艮第被绞死。法国法官亨利·博格特在 1602 年声称，一个苹果被恶魔附身了。几年后，意大利耶稣会信徒们试图计算地狱的物理尺寸。那可真是个奇怪的时代。

此处有龙

是否有证据能够表明，龙和真实生物之间有联系？可能是有的。人们对龙的信仰并不是凭空变出来的。有确凿的证据表明，在全球各地，偶尔会出土一些巨大的骨骼。几千年来，人们都不知道该如何看待它们。随着时间的推移，龙，就成了那些不了解恐龙的人们的首选猜测。

"龙"（dragon）一词源于古希腊语"draconta"，意思是"看守"。这就是龙会守护金山或古灵阁这类故事的起源。似乎没人想知道，为什么像龙一样强大的神话故事中的生物会需要金币。也许，那些金币只是给勇者的奖赏，因为它们成功打败了这头强大的巨兽。

今天，人们不再相信，像龙这样巨大而神奇的喷火生物还有可能潜伏在某片失落的土地上，在未知的天空中等待着被人们发现。但是，就在几个世纪前，人们真的相信自己终于发现了龙。从印度尼西亚回来的水手们讲述了科莫多龙的故事。科莫多龙具有破坏性和致命性，长度可达 3 米，它有可能是更遥远的地界上某种动物的亲戚吗？人们相信，科莫多龙的咬伤是致命的，呼吸是有毒的，这一说法助长了关于它的传说。这个传说一直持续到 2013 年，那一年有几位昆士兰大学的学者研究发现，科莫多龙嘴里的毒性细菌并不比其他食肉动物嘴里的更多。显然，在人类的想象中，龙就像变色龙一样时常变化。

对龙的自然历史的学术研究表明，有许多生物影响了现代人关于龙的概念。巨蛇和水螅、石像鬼和龙神，以及其他更加隐秘的动物，比如蛇怪、翼龙和鸡身蛇尾怪，将它们的各种特征和特点综合起来，就形成了我们现在所认为的龙的样子。尽管大多数人都很容易想象出一条龙，但他们对龙的概念和描述却大相径庭。有些人想象出的龙可能有翅膀；另一些人想象出的龙则盘踞在陆地上。有些龙被赋予了声音，或者吐息着火焰；其他人则让它们保持沉默，也没有烟气。有些龙的身体可能仅以米为单位；另一些则以千米为单位。有些龙出现在海底世界；而另一些龙却只出现在那些最高的山峰的洞穴中。所以，如果哈利要严格地根据体型大小和种类去寻找这种神奇的生物，那么他最好的办法是回到恐龙时代，也就是几亿年前，那时的恐龙们正是陆地脊椎动物中的霸主。

为什么是鸽子而不是猫头鹰，
能成为魔法师们最好的伙伴？

它们在晦明不定的月光下，如鬼魅般掠过暗夜。它们于黑暗的天空中，沉闷地往返于去往霍格沃茨城堡猫头鹰屋的路上。它们在无名的风中滑翔，只有它们发出的忧郁哭声在暗示着，它们正在传递来自魔法师的信息。

和《哈利·波特》魔法世界中的猫头鹰一样，现实世界中的猫头鹰数量也非常众多。猫头鹰遍布全球，有 200 多种，大多数是独居鸟类。它们是夜行性的猛禽，通常喜欢直立，具有双目视觉，羽毛进化到可以让它们无声地飞行。它们很少在白天出现。

比如，马尔福家的猫头鹰属于雕鸮，翼展接近两米，可以吃掉狐狸、苍鹭，甚至小狗。所以，至少有一些猫头鹰的个头足够大、也足够强壮，能带得动包裹。然而尽管猫头鹰确实非常聪明，人们却从来没有利用它们传递过信息。

自文明开始之前，人类对猫头鹰就十分重视。在位于法国南部阿尔代什省的肖维岩洞里，在许多精美的肖像绘画中，有一只猫头鹰的形象被清晰地刻在岩壁上。洞穴墙上画的这只猫头鹰的头是正面的，但身体则是背面的。难怪就连史前文化也将猫头鹰与超自然力量联系在一起。早期的人类可能还对猫头鹰另一种非人的超能力十分着迷，那就是在黑暗中的视觉能力，例如在洞穴中。学者们认为肖维岩洞中的猫头鹰画像至少有 3

万年的历史。这可真是个古老的魔法血统。

虽然麻瓜们不曾拿猫头鹰当作信使来传信，但大自然确实给他们提供了一些令人惊叹的替代品。

北极燕鸥

北极燕鸥是最有耐力的鸟类。这种海鸟的迁徙性很强。每年，它们都会度过两个夏天，而不是一个，因为它们会沿着从北极北部到南极海岸的路线迁徙，去度过南方的夏天，六个月后，它们又会再次沿着同样的路径迁回。最近麻瓜的研究表明，在冰岛筑巢的燕鸥每年往返约 7 万千米，在荷兰筑巢的燕鸥则每年往返约 9 万千米。

北极燕鸥是整个动物王国中迁徙距离最长的。不仅如此，北极燕鸥也是一种十分长寿的鸟类。许多燕鸥的年龄在 15 到 30 岁之间，比许多野生猫头鹰都活得更久。它们的数量也很丰富，估计全球约有 100 万只北极燕鸥。但北极燕鸥是否能作信使也没有被证实过。要说起大自然派遣出的骑手，那么最杰出的一定非鸽子莫属。

鸽子的作用

我们来考虑一下让普普通通的鸽子作为候选人。鸽子属于鸟类中的鸠鸽科。这一科中包括了 300 多种鸟类，它们可能是世界上最常见的鸟类。我们最常称之为"鸽子"的物种是岩鸽。鸽子的飞行记录长达 1600 千米，其平均飞行速度约等于汽车的速度。鸽子作为人类的信使有着悠久的历史。古埃及人最早利用鸽子来传递信息，大约在公元 1100 年，热那亚共和国建立了一个沿地中海分布的鸽子瞭望塔系统。

但是鸽子怎么知道要飞到哪里呢？没人确切知道。每一个看似合理的假设都被证伪了。一些麻瓜的研究提出了"磁感知"说，即鸽子的脑袋里有一套地图和指南针系统。这种感知系统意味着，它们有时会利用太阳来确定自己要去哪里，此外因为地球就像一块大磁铁，它们也可以利用地球的磁场把自己带回家。这种理论还认为，当鸽子们接近目的地时，它们也会使用地标来确定位置。

麻瓜们相信，鸽子确实有磁感知能力，所以在第二次世界大战中，他们用鸽子作为信使。兰开斯特式轰炸机中经常运有鸽子，这些鸽子作为英国皇家空军鸽子部队，一起为战争做出了贡献。当时的想法是，如果鸽子在从德国上空飞回来的路上被丢弃在北海，飞行导航员会将标有飞机最后一次所在位置的地图系到鸽子腿上，以防无线电通讯中断。这些鸽子拯救了成千上万的生命。

战争英雄

但是，鸽子是否真是用磁感知和地标来导航的呢？有一些鸽子在半夜三更里被放入冰冷的大雾中，那地方距离陆地有 100 多千米，没有任何标志物，但它们仍然回到了家。英国人给其中一些最优秀的鸽子们颁发了奖牌。这张功臣名单上大约列出了 500 项这样惊人的壮举。它们确实是在没有任何标志的空中从飞机里放出来的，而且通常是在寒冷的冬夜，但第二天早上，它们还是回到了家里。

为了搞清楚鸽子的认知方式，麻瓜们忙碌起来了。他们用蜡堵住鸽子的鼻孔，把松节油放在它们的喙上以迷惑鸽子的嗅觉，因为麻瓜们认为，鸽子的这种神秘感知力可能是嗅觉。在一些不靠谱的实验里，他们甚至切断了鸽子的嗅觉神经。

鸽子们还是成功回了家，但麻瓜们并没有因为自己的失败而气馁，他们把磁铁绑在鸽子的翅膀上，甚至在鸽子的头上缠上了亥姆霍兹线圈。麻瓜还给鸽子戴上了磨砂的隐形眼镜，并把它们放逐到离家 300 千米以外，它们仍然成群结队地聚集到了离鸽舍 400 米的地方！

即使鸽子是在阴天被放生的，或者它们的内部生物钟已经被改变了 6 个小时，或者 12 个小时，只要将它们放在人工日长（一日内太阳日照的时数）下过上几周，它们仍然会回家。

上面这些麻瓜的各种实验都旨在测试鸽子到底是通过内部罗盘来工作的，还是通过识别和使用地面上的标记来工作的。麻瓜的一项实验甚至对鸽子进行了麻醉，并将它们放进旋转的鼓中，试图让它们失去方向感。不过，在获得释放后，它们直接飞回了家。

家的羁绊

一百多年来，鸽子一直是个谜。查尔斯·达尔文在 1873 年发表的一篇关于自然本能起源的论文中提出，鸽子可能会努力记住它们外出的路线，并在回家的路上以某种方式重复它。迄今为止的所有证据都表明，鸽子的导航方式仍然是个谜。然而，鸽子和它们的家之间似乎存在着某种未知的联系。

由于在之前几乎所有的实验中，都是把鸽子从家中移出去，一组新的实验用移动鸽舍代替了它们的家。这里又有一段历史。在第一次世界大战中，英国鸽子部队在前线后方使用了移动鸽舍。就像魔法世界中的夜间巴士一样，移动鸽舍也是为了特殊目的用伦敦公交车改装而成的。

当移动鸽舍第一次移动到了不过 1 千米以外时，鸽子们似乎完全困惑了。尽管它们能看到移动了一小截距离的鸽舍，但它们还是一直环绕着这个区域，在鸽舍曾经所在的地方飞了几个小时。就像如果有人发现，在他不在家的时候，自己的家被搬到了街上相距 1 千米的地方，这个人也会感到困惑那样。最终，最勇敢的那只鸽子会钻进移到了新位置的鸽舍里。当鸽舍搬了几次地方后，其余的鸽子也都回家了。

鸽子那历史悠久而名声显赫的血统秘密仍然是个谜。它似乎是魔法世界中一种完美的鸟类。它们用自己的方式阐释了最近流行的魔法师语："不管遇到什么困难，从家到对角巷，再到霍格沃茨城堡西塔顶上那巨大的阁楼。"

有可能使某人"昏昏倒地"吗?

时间是 2011 年,地点在英国伦敦,你是一名警官,正要好好休息一下,大嚼特嚼你精心准备的三明治。再过几个小时,你的班次就要结束了,你迫不及待地想要回到家人身边。这时,你的警用呼叫机中传来一段呼叫。

"一群年轻人正在托特纳姆抢劫商店,烧毁汽车。所有可用单位请立即到位。"

你丢下三明治回完话后,就立即和同事一起赶往现场。随着局势的升温,你发现自己被暴徒们包围在中间,他们中大多数人看起来比你家孩子还年轻。出于对自身安全的担心,你拔出武器准备战斗。对全球成千上万的执法人员来说,这样的情况是真实的,随着恐怖主义的盛行,人们在不断呼吁加强安全措施。

身处这样的职业岗位上,很明显,我们需要一种安全的方法来阻止这些潜在的挑衅者,同时又不会对他们造成严重的伤害,尤其当他们还不是成年人,对自己的行为不能负法律责任的时候。显然,麻瓜们需要一个类似于"昏昏倒地"咒的法子。但这种可能性有多大?

昏昏倒地!

在 J.K. 罗琳的 Pottermore 网站上,"昏昏倒地咒"被描述为一种十分有用的咒语,可以用它在决斗中震晕对手，或使其失去知觉。不过，在现实世界中，你不需要成为魔法师或施展咒语，就能产生这种效果。

这种昏昏倒地咒的魔力就像拳击手击出的重拳。在拳击比赛中，"击倒"指的是使对手丧失能力的一击，无论对手是立即失去知觉，还是随后受到强力打击而无力反击。

虽然打在身体的任何部位都可能引起"击倒"，但一般来说，人们最先想到的是打在头部。当头部被击中时，受害者会失去意识，摔倒在地。然而，如果昏昏倒地咒也是以这种方式起作用的，那么被施了咒的魔法师将很难藏住身体上的后遗症。

一个人的脑袋里到底发生了什么，才会导致他昏迷？

头部损伤

大脑是一个脆弱的器官，其中有着超过 1000 亿条神经，它们通过数万亿个突触相互连接。谢天谢地，大脑被颅骨所包围着，颅骨形成了一个坚硬的外壳，保护大脑免受污染、渗透和变形。

然而，尽管颅骨可以阻挡一部分冲击，但如果冲击发生得过于突然，或力量过大，那么大脑仍然会在颅骨内部受到震动。这是因为大脑和颅骨之间有一个充满液体的空间。如果撞击力太大，大脑可能会产生脑震荡，人就会在几秒钟或几分钟内感到头晕目眩，甚至失去意识。

脑震荡是最常见的脑损伤类型。当大脑在颅骨内摇晃、扭曲，甚至反弹撞到颅骨内部时，会拉扯到血管、损伤颅神经、杀死脑细胞，同时，大脑中的多种神经递质也会被释放，使神经系统超载，进入暂时的瘫痪状态。随后，当肌肉一放松，患者便会瘫倒在地上。

撞击也可能使流向头部的血液和氧气中断，由此导致意识丧失。在这两种情况下，受害者都会遭受负面影响，例如头痛、困惑、情绪变化和记忆力丧失等，而恢复的最佳方式就是休息。但即使如此，脑震荡也可能需要几个月甚至几年才能完全恢复。

显然，如果魔法师被施了昏昏倒地咒，结果由此产生了脑震荡，那一定会让大多数魔法师的脑袋从此沉重不已。那么，如果用一种创伤较小的击倒方式呢？

击昏

想要了解击昏这种情况，我们只需要去观察一下医疗手术室。在外科手术中，当外科医生需要做精确切口时，就很有必要让患者保持完全的静止和放松。使用一些混合药物可以让病人达到这种理想状态，这些药物的给药是由麻醉师来操作的。麻醉师通常会用镇静剂让患者入睡，并给患者使用止痛剂来帮助他们缓解疼痛。一般来说，麻醉剂可以用于减轻包括疼痛在内的所有感觉，而止痛药的作用就只是减轻疼痛。

因为昏昏倒地咒能让人立刻失去意识，所以它更像是一种镇静剂，而不是麻醉剂。在外科手术中，可以使用全身麻醉使患者进入无意识状态，也可以用局部麻醉来消除清醒着的患者的感觉。麻醉剂可以直接静脉注射，也可以通过呼吸面罩吸入。

在全身麻醉时，通常需要将呼吸导管插入患者的气管（插管），以帮助患者呼吸，并保护肺部。使用全身麻醉有小概率会让患者产生包括呕吐、恶心在内的副作用。

在历史上，有一些物质曾被用来使人失去知觉，其中包括三氯甲烷（又名氯仿）和乙醚。这些物质都需要有人直接地、近距离地给目标用药。这意味着麻瓜必须从近距离施展麻瓜的魔法，而魔法师从远处就可以击晕对方。

我们有什么东西可以提供这种远距离作战的优势吗？

远距离作战

考虑一下上面提到的几种能使大脑失去知觉的方式，例如头部创伤，或化学反应，其中有好几种方式可以将人从远处击倒。有些比较直接，有些则需要时间长一点才能产生效果。如果要用损伤头部的方式，那么可以使用所谓的非致命性射弹，比如豆袋，或者橡胶、塑料、木制的子弹。这些射弹都是由普通的或经过特殊改装的枪支发射出来的。然而在实际情况下，当距离很近或向身体特别脆弱的部位发射时，使用这种"非致命性"射弹就足以导致目标死亡。

想要不那么危险，我们可以发射镇静剂飞镖。这种飞镖通常用于捕捉动物，大致就是一个装满药物的注射器，在受到撞击后，药物会流入动物体内。注射的药物不会进入静脉，而是会通过肌肉吸收，这意味着动物中镖后需要几分钟到半个多小时才能产生效果。

但这对人类目标来说并不现实。对人使用的话，剂量必须大到足够有效，但又不能过量。此外，目标穿的衣服也会影响飞镖对其身体的影响。所以，每当我们看到电影中使用镇静剂飞镖的时候，那种直接倒地的效果都是一种艺术处理，而不是现实的情况。

那么，可能还有另一种方式，朝人们丢催眠气体或昏厥气体，又会是什么情况呢？首先，这种气体的效果必须强到可以影响其作用范围内的每个人。此外，必须释放足够多的气体，使目标能够浸没在其中，以产生必要的麻醉效果，但事实证明，在这一点上是有问题的。

2002年，俄罗斯特种部队突袭了莫斯科的一家剧院，要从40多名劫持者手中解救出850名人质。在特种部队进入之前，他们向剧院内注入了催眠气体，希望能制服里面的人。然而不幸的是，有130名人质因气体的影响而丧生。据分析，他们窒息而死的原因是当时他们处于无意识状态，这意味着他们无法采取正确的姿势来呼吸。

有可能使某人昏昏倒地吗？

答案是一声响亮的"是"，只是这可能会涉及头部损伤或使用药物。在头部损伤的情况下，你的昏昏倒地咒会导致目标产生大脑损伤或其他问题。而就药物而言，必须在严格控制的条件下才能使用，以避免产生任何不良影响。因此，尽管能够做到昏昏倒地咒的效果，但警察不太可能故意使用这两种方法去让挑衅者丧失行动能力。

你或许会认为这个问题有个很明显的答案，就是泰瑟枪，但事实并非如此。泰瑟枪的工作原理是在其两个探头之间的区域干扰肌肉内部的电活动。一旦探头离开人体，目标又可以再次移动，除非他们受到了某种想不到的副作用影响。虽然泰瑟枪能让人晕眩，但它不会让人失去知觉。当然，除非这个人不幸摔倒并遭到了头部创伤。

为什么食死徒的"纯血统"
在繁殖和基因库方面是错误的?

　　势利，孕育着虚伪和绝望的种子。在《哈利·波特》的世界里，势利，驱使着纯血统魔法师家族的欲望，他们自认为自己比那些谱系中有麻瓜成员的魔法师家族更加优越。

　　"纯血统"这个词指的是一个没有麻瓜或非魔法血统成员的魔法师家族。这个想法的起源与萨拉查·斯莱特林的观点是一致的，他是霍格沃茨魔法学校的四位创始人之一。斯莱特林讨厌教任何麻瓜出身的学生，这导致了他与另外三位创始人不和，最终，他辞去工作，离开了学校。

　　纯血统的魔法师似乎很少（如果真有的话）。事实上，所谓的纯血统家族常常掩盖起自己家族谱系中的麻瓜成员，以便对外声称他们的家族是纯血统的。为了保持血统纯正，这些家族只与其他纯血统家族联姻，而不会接受麻瓜出身的"泥巴种"。"泥巴种"在魔法界是一个非常贬义的用语。

　　纯血统魔法师们一再否认不断变化的世界，又对此感到绝望。在这种情绪中，他们暗示说任何混入了"肮脏血液"的魔法师都是"血统叛徒"，就这样将他们的虚伪推到了魔法师们身上。事实上，没有哪个魔法师的血液不曾在某个时候与麻瓜的血液混合在一起。如果一个魔法师家族的族谱中没有麻瓜成员，那这个魔法师家族早就灭绝了，因为纯血统家族的数量正在不断减少，而他们的血型是魔法世界中最不常见的。

布莱克家族就是一个很好的例子。他们是一个典型的纯血统家庭，他们声称自己的祖先往上追溯许多代都是纯血统魔法师。他们否认自己的家谱上有麻瓜，他们的家训是"永远（或依然）纯洁"。但是，对于这些纯血统魔法师和许多食死徒的观点，科学有什么话要说呢？食死徒的领袖甚至否认他自己就有一个"肮脏的麻瓜父亲"。

人类的自助

麻瓜世界里到处都是自助书籍，用来帮助人们提高自己。麻瓜们认为，或者你需要更多的锻炼，或者需要读更多的书，又或者你只是需要少去几次汉堡店。但优生学的话题则比这些更进一步。优生学是一门通过血缘关系来改善整个人类的学科。优生学（英文为"eugenics"），是个奇怪的词。其中"eu"是希腊语，意思是"好的"；"gen"指的是"出生或种族"。它们共同构成了优生学一词，表示可以改善和提高人口素质。

从大原则上来说，这听起来还不错。但真正的问题是，优生学在历史上曾有过一个非常狡猾的想法。优生学的基本原则之一是反对混血或种族混合。食死徒们相信，他们比其他任何人都要优越，他们反对异族通婚，并用污辱性用语"泥巴种"来侮辱混血者，其中就包括赫敏。

优生学有一段可怕的历史。当意识到人类继承了他们祖先的特征时，人们开始提出"改善"人类的想法。以古希腊哲学家柏拉图为例，柏拉图在《理想国》一书中指出，改善人类的一个好办法，是在出生时就将"低等"的婴儿杀死。这话一听就很难赢得赞成。柏拉图遭到另一位古希腊哲学家希波克拉底（医学创始人）的反对，他的希波克拉底誓言至今仍在由医生们宣誓。

第一个探索优生学社会的故事是《格列佛游记》。这个早期的科幻小说是爱尔兰作家乔纳森·斯威夫特在 1726 年写成的。在故事中的某个时点，格列佛来到了贤马国。这些长得跟马一样的生物们正在做一个优生学的项目，其内容是对人类奴隶的选择性繁殖，这些人类奴隶被他们称为"野蛮人"。起初，格列佛被误认为是野蛮人之一，但他成功说服了贤马国国王，让国王认为他足够聪明，值得活下来。如果格列佛当时没有做到这一点，他就会被作为残酷的优生学计划的一部分被牺牲掉。不过当作者写出《格列佛游记》的时候，改善人类血统这件事还没有被称为优生学。

正是查尔斯·达尔文的表亲弗朗西斯·高尔顿创造了优生学这个词。高尔顿最早的一些研究是基于《伦敦时报》讣告栏的条目。通过研究这些条目，高尔顿声称，从他所看到的欧洲最杰出的人物身上，可以寻找到他们代代相传的优秀品质。相比之下，他认为，在社会的下层阶级和某些种族中，软弱、低劣甚至危险的特质也在很明显地传承下去。

高尔顿的理论发表在 1869 年出版的《遗传的天才》一书中。他认为人类是不平等的。一方面，高尔顿的积极优生学提出了一个人类繁育计划，以培养优秀的人；而另一方面，他的消极优生学则敦促通过从繁育群体中消灭或排除掉生物学上的劣等人种来提高人类的整体素质。

与圈外人繁育

魔法师和麻瓜混血完全是有道理的。总在一个特定的圈子里建立家庭是非常危险的。大多数人都有一些可能导致致命疾病的隐性基因，但这并不是什么大问题，因为我们携带了两组基因的副本，一组来自父亲，一组来自母亲。所以，只要两组基因副本中有一组是好的，那么一般来说你都不会得病。只有当父母双方都把坏基因遗传给后代时，坏基因才会生效。当魔法师之间的血缘关系更加密切时，这种情况就会更频繁地发生。

事实上，一些魔法师可能正面临着危险。魔法师之间的血缘关系越密切，他们就越有可能拥有相同的坏基因。在这种情况下，每个孩子得上这种疾病的概率高达 25%。正

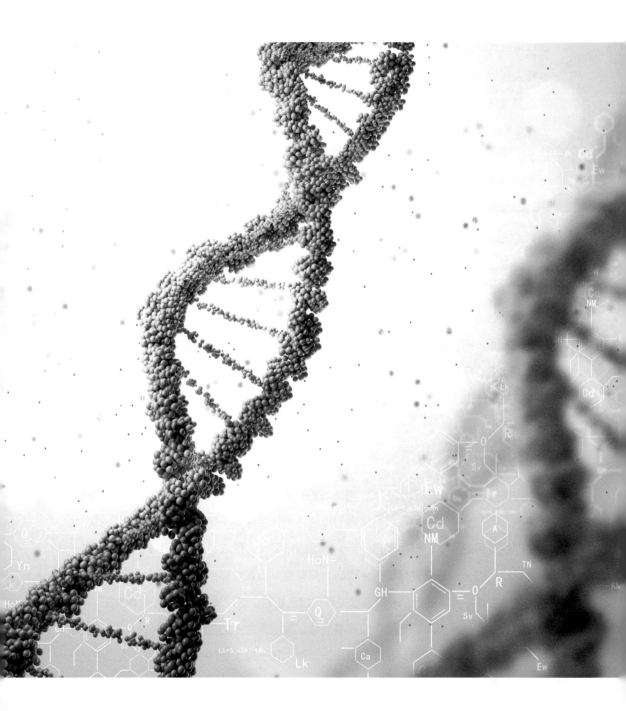

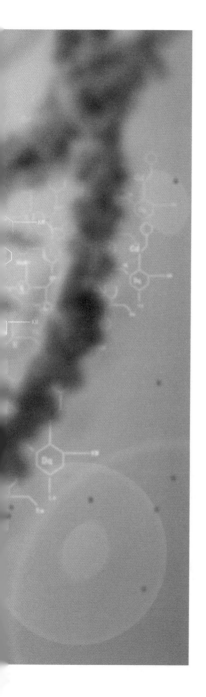

是因为这个原因，近亲繁殖在许多麻瓜国家都是非法的。

再举两个例子，一个魔法师的例子和一个麻瓜的例子。纯血统魔法师家族一般在表亲之间联姻，以保持他们的纯血统身份，例如布莱克家族和冈特家族。他们不承认与"泥巴种"结婚的家庭成员，但冈特家族的成员却遭受了近亲繁殖带来的种种问题，包括出现暴力倾向、精神不稳定、甚至魔法能力减弱等。在麻瓜世界里，欧洲近亲繁殖的古老皇室家族也遭受了这个问题。哈布斯堡皇室家族在长达数个世纪中，统治着欧洲大部分地区。但是，在表亲甚至叔叔和侄女之间发生多次婚姻之后，国王查理二世出生了，并且继承了"坏基因"，这意味着他有身体上和精神上的残疾，很可能无法生育子女，于是哈布斯堡皇室家族的规矩也就到此结束了。

2015 年，一项相关的研究获得了进一步的发现。这项研究可谓是迄今为止规模最大的遗传多样性研究之一，它调查了来自麻瓜世界四大洲约 100 个社区 35 万多人的基因背景和健康状况。研究发现，亲缘关系较远的父母生下的孩子往往比同龄人更高、更聪明。他们还发现，随着越来越多的人与来自世界上更遥远地区的人结婚，他们后代的身高和智力都会有所提升，这解释了历史记录中在 20 世纪发生的智力代际增长的原因。纯血统魔法师完全错了。"泥巴种"将继承地球！

第四篇

魔法杂集

哈利·波特中的科学

The Science of
Harry Potter

9¾ 站台：伦敦真的有隐藏车站吗？

巨大的猩红色引擎蓄势待发，白色的蒸汽云朵从烟囱中滚滚而出——它是通往遥远魔法世界目的地的垫脚石。所有的窗户都已关上，所有的活塞都已准备好，所有的匆忙都烟消云散，霍格沃茨特快列车即将启程。在一个临时的街区短暂地停靠，很快，特快列车就将行驶在水天相接的湖面上。

不过，就目前而言，特快列车那猩红色引擎所处的站台却不愿承认自己的存在：它就是位于英国伦敦的国王十字车站 9¾ 站台。9¾ 站台被魔法隐藏在麻瓜的 9 号与 10 号站台之间的柱子后面，学生们就是从这里登上前往霍格沃茨魔法学校的火车。一个好奇的年轻魔法师可能会想，在那些整数号码的站台之间，或许还藏着什么其他分数的站台。为什么要止步于 9¾ 站台呢？也许还有一个站台，那里停着一辆魔法版的东方快车，正等着把乘客送到欧洲大陆上只有魔法师才能到达的村庄。又或许，在另一个站台上停着一辆魁地奇特别专列，正要驶往四年一届的魁地奇世界杯现场。

19 世纪 50 年代，当时的魔法部部长伊万杰琳·奥平顿提出了 9¾ 号站台的想法。长期以来，魔法部一直在思考一个古老的问题，即如何在不引起麻瓜注意的情况下，每年将数百名学生送出或接回霍格沃茨。他们在 19 世纪中期购买了霍格沃茨特快列车，这在当时无疑是一辆十分宏伟的列车。之后，在霍格莫德修建了一座火车站，人们兴奋地期待着即将到来的列车。

　　但要想在伦敦城中部修建一座火车站仍然是一项巨大的挑战。显然，如果魔法就在眼前炸得火花四溅，那么就连麻瓜也无法下定决心对此视而不见了。于是，一个解决方案出现了：建造一个隐藏的魔法站台，它藏在全新的、由麻瓜建造的国王十字车站内部，但只有魔法师才能到达。

　　要在一个繁忙大都会的清晰视野中隐藏起一个火车站，这种狡猾的自负让人不禁想知道，在伦敦老城这座迷宫中还隐藏着哪些火车站。

铁路革命

正是光合作用,以一种奇妙的魔法方式,导致了英国的蒸汽动力工业革命。数百万年前,在潮湿的石炭纪,地球上的植物吸收了太阳的能量,又从空气中的二氧化碳中吸收了碳,并利用它创造了活组织。当石炭纪中的大型植物死亡并归于泥土时,它们的能量被冻结在了时间的长河中。煤保存了阳光,当英国人开始烧煤时,它所产生的火是从树中被释放出来的、积攒多年的太阳之火。煤炭,是被冻结在深埋于地下的树木体内的阳光。

正是对火力的渴求推动了蒸汽机的诞生。最初设计的蒸汽机是用于从矿井中将水抽出来,以获取井下的煤炭。蒸汽机很快成了第一种被广泛使用的发动机,并成为当时的时代精神。它为所有早期的火车头、轮船和工厂提供动力。在接下来的两个世纪里,蒸汽动力将改变世界。

那些建造火车和铁路的人们是工业化进程的突击队。铁路为资本打开了通往各国和各大洲的大门。快速扩张的铁路线仿佛一张由机械野兽结出的大网,以英国为中心,不断延伸开来。在这台巨大机器的中心,同时也是商业脉络的中心,坐落着维多利亚时代的伦敦。在 19 世纪,伦敦发展得十分迅速。但通勤人口的急速增加导致了交通拥堵问题。马粪,成了一个巨大的难题。

维多利亚时代的伦敦有 1.1 万辆出租车和数千辆公交车,而这两种交通方式使用的动力都是马,所以在伦敦市,仅公共交通系统中就有 5 万多匹马,每匹马每天会产生 7~16 千克马粪。一位评论员评论道:"如果马是一种已灭绝的动物,那这个大城市的街道将多么令人愉悦啊。"

有专人来清扫路上的马粪,这些马粪在伦敦潮湿的天气里通常是污泥,而在少有的干燥日子里则会被风吹干,变成细粉。一堆堆马粪引来了大量的苍蝇。据估计,在这些城市,每天有 30 亿只苍蝇在马粪中孵化,每年有数万人死于马粪。

还有更糟的情况。

这些马匹每天产生数万加仑的尿液；它们发出的噪音大得惊人（马蹄铁踏在鹅卵石上的响声让人们没法在熙攘的街道上交谈）；它们比现代的机动交通危险得多，人均死亡率比今天高出75%。

即使在马死亡后，问题也并没有随之消失。普通工作马的预期寿命只有三年，每天都有数十匹马死亡。由于死马很难转移，街道清洁工会等上几天直到尸体腐烂，这样比较容易被锯成块。

进入地下

简而言之，伦敦是一座拼命寻找交通解决方案的城市！火车，被誉为环境救星。19世纪中叶，这座大都市的城市中心周围已经有了七个铁路车站。很快，修建地下铁路的想法产生了，它将把伦敦城与这些卫星站连接起来。

去过伦敦的人都熟知如今建成已久的伦敦地铁，这里有世界上的第一条地下铁路。今天，伦敦地下超过160千米的地铁网络每天为大约400万名乘客提供交通服务，是地球上最大的轨道交通网络之一。但是，每过一段时间，也会发现一些"幽灵"站。

工程师们最近在伦敦南部发现了一座一个世纪前关闭的车站遗迹。被遗忘已久的南华克公园站曾经开放了十几年，从1902年开始直到1915年3月被永久关闭。在这座大都市中，由于电车、公交车的日益普及和第一次世界大战的爆发，有几个地铁站曾被关闭，南华克公园站就是这几个车站之一。它曾在伦敦桥和格林尼治之间运送通勤者。

南华克公园站吓人的走廊和诡异的氛围让人想起了"生化奇兵"系列电子游戏。南华克公园站的地面之上坐落着一座阴郁的蒸汽朋克城市，带着反乌托邦的色调，高架桥拱门处有一个铺着厚厚瓷砖的老售票厅。城市探险家们也拍下了其他废弃已久、早已被遗忘的伦敦地铁站照片，这些照片令人难忘。废弃的站台和车站深藏于城市地下，在那

里蜿蜒数千米。

这其中包括尘土飞扬的奥德维奇地铁站，该地铁站于 1994 年关闭，后来被用作几部高端电影和电视剧的布景，包括《神探夏洛克》《塞尔福里奇先生》和《V 字仇杀队》。但也许流传最久的伦敦地下传说是二战期间秘密的政府隧道的故事。

战争期间，伦敦可以正常运营的电信中转站数量非常有限。其中一个主要的中转站位于伦敦金融城，与白厅相距不远。白厅是战争办公室所在地，它是英国政府的一个部门，在 17 世纪到 1964 年这段时间中管理着英国军队，后将职责移交给了国防部。

由于事实证明在地面上铺设电话线是不现实的，所以英国人利用隧道技术在白厅地下建立了一个混合隧道网络。这是一条连接白厅中各座大楼的潜藏路线。虽然这条秘密的政府隧道实际上只是一条服务隧道，但它也可以作为"逃生隧道"，在发生类似毒气袭击的紧急情况时发挥作用。白厅地下的这个秘密隧道网络的大部分细节都被深锁在英国国家档案馆里，等待解密。

你该怎样造出一间有求必应屋?

它坐落在霍格沃茨城堡的八楼，是一间最非凡的房间。它的入口对面是一张挂毯，挂毯上画的是傻巴拿巴斯在试图教巨怪跳初级芭蕾舞。

有求必应屋就像是薛定谔的猫，它既在那里，又不在那里。只有走廊上一些特别的访客才知道打开它的方法，那就是在它的门口经过三次，同时脑子里想着你想要什么。只有此时，门才会出现。

有求必应屋也被称为"来来去去屋"，据说它有一定的感知能力。这种说法的证据是，这间屋子能够在魔法师打开房间的那个时刻，变成他们需要的样子。不过，可以理解的是，它有一系列的限制。

有趣的是，人们认为这个房间在地图上是不可标记的。这个房间没有出现在掠夺者地图上，房间里的人也不会出现，尽管不可否认，这可能只是因为地图的制作者一开始就没有找到它，也没有在地图上标记它。

魔法师们必须非常明确他们想要有求必应屋做什么，并且要保密。如果有其他魔法师知道了这间屋子的用法，他就可以进入房间，并且了解到上一个人在有求必应屋里做了什么。

书里第一次提到有求必应屋是哈利听邓布利多说起的。邓布利多说，有一次当他急需一把茶壶时，竟然发现了一间满是茶壶的房间。唉，可惜他再也无法复制一遍他的成功，就像其他偶然进入房间的魔法师一样，他后来再也找不到这间屋子了。

当然，有求必应屋并不是《哈利·波特》世界中唯一一个创造性的利用空间的地方。还有赫敏的珠饰手提包，它让人想起玛丽·波平斯的毡制旅行包。赫敏在她的手提包上施放了一个无痕伸展咒。在寻找伏地魔魂器的过程中，她可以往包里放各种各样的东西，有些东西比手提包看起来还要大得多。

还有韦斯莱的帐篷。乍一看，它就像是一个双人帐篷，但当你走进去时，你会发现里面就像个设施齐全的帆布宫殿，有餐桌、厨房、浴室和卧室。如此富有创造性的利用空间的方法实在令人印象深刻，于是哈利大声宣布道："我爱魔法！"

那么麻瓜们如何才能实现"内部更大"的技术呢？空间还具有其他一些更有趣的属性，麻瓜们又如何创造性地通过科学来利用这些空间属性呢？

麻瓜的太空引力理论

一种方法是利用引力。亚里士多德曾对物体落地做出过解释，他认为物体会落地是因为地面是物体自然的所在之处。而对于实心的地球物体来说，这个自然的所在之处就是地球的中心。他甚至认为这个点是整个宇宙的中心，如果移动了地球本身，太空中仍然会有一个抽象的点代表这种引力的中心点，尽管当时他没有把这种力称为引力。

把这种力称为引力的是牛顿，他开创了一种理论，其观点是，任何具有质量的物体都会产生一个引力场，该引力场能够对处于其中的任何物体施加力。但是对爱因斯坦来说，引力场的本质实际上是时空的扭曲。换句话说，质量使空间弯曲。物体中所含的物质会使其周围的空间弯曲，一个点的质量越大，该点的弯曲度就越大。

要亲身试验一下这个想法其实很容易，你甚至都不用离开你的床。想象一下，空间就像你家羽绒被的表面。至少是整整齐齐铺好的羽绒被，而不是像平时你刚起床时那个样子堆成一堆。好吧，在这个干净平整的羽绒被表面上，扑通一声撞上去一个星球。不是个真正的星球，而是一个星球的替身，比如一个足球，或者最好是保龄球，如果你手头有保龄球的话。

事情是这样的：球越重或质量越大，下陷的空间就越大。不仅如此，球周围下陷的部分似乎会把附近的东西拉向它。如果你在床上放几个小一点的球，你就会看到它们朝大球滚过去。现在，如果把床上的球想象成行星，把羽绒被想象成空间，你就能明白爱因斯坦在说什么了。引力就是这样作用的：质量使空间弯曲。不仅如此，下一次当你因为赖床而受到批评时，你就可以说你只是在考虑爱因斯坦的广义相对论，说不定有用哦。

所以，我们最好的引力理论是：引力是空间和时间的弯曲，而自由物体则沿着时空中最短的路径移动。

麻瓜如何利用空间

现在，如果麻瓜用合适的材料建造出了一个有求必应屋，那么他们就可以利用上面说的引力弯曲来制造一个内部比外部大的气泡。他们得用一种非常奇特的物质做房间的材料，但是，嘿，想要这样突发奇想地利用空间从来都不是一件容易的事。

想象一下，禁林中一只最小的蜘蛛沿着一堵平坦的墙垂直爬行。然而可以看出来这面垂直的方形墙面具有一个凸角，样子有点像个气球。墙上开了一个狭窄的口，就像是喉部，从这里可以通往更大的区域。如果你把这面墙变成 3D 化场景，那么它就跟有求必应屋差不多了，不过要做出韦斯莱的帐篷和赫敏的珠饰手提包可能更具挑战性。另一个挑战是，你需要使用的材料得是一种"异常物质"，这是种奇怪的东西。如果你用这种异常物质给你的汽车轮胎打气，轮胎反而会变得更瘪！

还有其他一些挑战，比如如何能让空间或房间具有感知能力的问题。学者们正在努力培养空间的感知能力。他们正在致力于人机交互、传感器技术和人工智能的融合，再加上集成室内生态控制系统，目的是建立智能房间。这样的智能房间能够感知在房间中

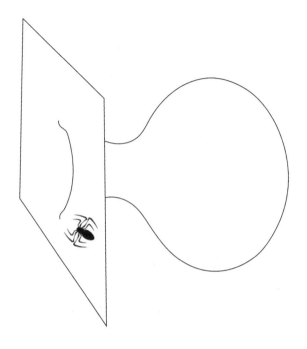

的人类活动和环境变化，并以此为根据做出一定的行为。简而言之，空间可以对其中的居住者产生反应，与之互动。但是，如果想要一个房间是真正有感知能力的，可以感知到人类的活动和想法，进行思考并与人类进行交互，那么我们可能需要一个由肉体构成的房间。

而这，需要一门超越魔法的科学。

力场是麻瓜版的铁甲咒吗?

想一想这样一幅场景:霍格沃茨城堡被各种食死徒和黑暗生物包围了。麦格教授站在城堡外的庭院中,在黑暗的掩护下大声宣布道:"霍格沃茨受到了威胁!快越过边界来保护我们!尽你们守护学校的职责!"接着,无数城堡雕像和石像鬼轰鸣而过,朝着拱桥和黑暗势力入侵的方向前进,眼前这个场景让麦格教授感到十分高兴,她说:"我一直都想试试这个咒语。"

几米外的地方,弗利维教授举起魔杖高高地挥舞起来,他的召唤开始了,"超强盔甲护身,固若金汤,驱逐敌方!"当其他魔法师们加入弗利维教授时,我们看到,城堡上方黑暗的天空中出现了一阵短暂的骚动。他们一起召唤出了一个魔法盾,盾的边缘不断向外扩张,在城堡上空冒着泡,翻着花,一直延伸到拱桥边,城堡雕像和石像鬼们正在那里沿着拱桥行进,它们在尽头处停下,端好守卫的姿势。

弗利维在城堡上空施展了一个守护咒。"铁甲咒"是一种强大的守护咒,当与"固若金汤"和"驱逐敌方"联用时,它会筑起一道几乎牢不可破的魔法防御墙。这些咒语制造出的魔法屏障能阻挡或弹开物体和咒语,这样就可以保护某人或某个地方。如果魔法盾造得好,那么咒语在击中盾时会被直接反弹回施法者身上,或者被随机弹到其他空间中去。守护神咒似乎很容易用魔法召唤出来。但麻瓜技术能带来类似的效果吗?

幻想力场

一切物质都是由原子构成的，而原子受到力的约束。拿走原子，把力留下，这就是一个力场。至少这是科学幻想中的一个力场。在物理学中，力场可能具有另一种不同的含义，但在奇幻故事中，力场通常是一个看不见的保护罩，或者是一堵看不见的墙。这是一个我们都知道而且热衷的概念。当外星人、流浪小行星飞向你时，就会发生这种情况。你只需要打开一个力场，再倒一杯鸡尾酒，事情就搞定了。

力场第一次出现在奇幻故事中，是在 20 世纪 30 年代到 40 年代的美国。在爱德华·埃尔默·史密斯博士所写的《云雀》和《透镜人》这两部书中，当受到攻击时，力场会发出红色和橙色的光，然后一路顺着光谱变色，直到变成紫色和黑色，到了黑色时，力场就崩溃了。史密斯的力场是电影《星际迷航》中"企业号"上所配备的"折射网"的前身。

在现代电影中，人们毫无疑问已经接受了力场的概念。以 1996 年的电影《独立日》为例，其中一部分关键情节就是如何摧毁入侵飞船的保护力场，这样，核武器才能有效地攻击这些敌对的外星飞船。然而，力场出现在其中似乎并不需要多做解释。这种情况在奇幻作品中已经非常普遍，以至于故事中还常常会出现围绕整个太阳系的力场！

而真实情况则要难得多了。到现在，并没有某种已知的力能够排斥所有的物体和能量。但麻瓜们正在努力。例如，肯尼迪航天中心和美国国家航空航天局先进概念研究所的科学家们正在研究，是否可能在地球上使用电屏蔽，甚至把电屏蔽基地建在月球上。在太空中，大多数致命辐射都是由带电粒子构成的。那么，为什么不使用与入射辐射具有相同电荷的高能电场，从而让入射辐射偏转呢？

真实的力场

最近，科学家们在地球上空 11600 千米处发现了一面隐形的盾。这个盾当然有助于击退"黑暗"势力。它阻挡住了"杀手电子"，否则这些电子就可以自由地飞进来，轰炸我们的小星球。现在，这些"杀手电子"可以以接近光速的速度在地球周围飞来飞去。它们恐吓宇航员、炸毁卫星、破坏太空系统。而且，如果它们大规模袭击地球，那么它们可能会摧毁电网，从根本上改变我们的气候，并使癌症发病率飙升到历史最高水平。

这层隐形保护盾本身的属性仍然是个谜。尽管科学家们通过它产生的影响了解到了它的存在，却还是对它的形成和功能感到困惑。但毫无疑问，这面真实的保护盾有点像霍格沃茨的超强铁甲咒和《星际迷航》中的力场护盾。其主要区别在于，这种无形的盾并不是在阻挡食死徒或外星人，而是阻挡了高能电子。

这面护盾处于范艾伦辐射带。范艾伦辐射带是位于地球大气层中两个形状像甜甜圈一样的环，其中充满了高能质子和电子，并受到地球磁场的影响。它们随着来自太阳的能量潮涌而涨落、收缩和膨胀。范艾伦辐射带于1958年被发现，它由一条内带和一条外带组成，延伸至地球表面以上约4万千米处。

不过最近，人们又发现了第三个"储存环"，它藏在范艾伦辐射带中，难以捉摸，转瞬即逝。这神秘的第三个环是由2012年发射的范艾伦探测器发现的。这个环似乎在随着太空气候的强度而消长。但它阻止了超快电子突破其屏障而进一步接近地球。科学家们对这种现象有些困惑，不过还是希望能从大自然的例子中学习，因为它或许可以帮助我们理解如何制造出人工力场。

第三个环就像太空中的一堵玻璃墙，类似于霍格沃茨上方黑暗天空中的护盾。起初，科学家们担心，那些以超过每秒16万千米的速度、在地球上空徘徊游荡的高能电子，会转头扎进大气层的外层，但是"玻璃墙"阻止了电子，让它们跑不了那么远。如果科学团队能够研究出这堵玻璃墙的工作方式，说不定他们也能模仿玻璃墙的功能，制造出类似的人造屏障。

科学家们一直在研究如何在太空中建造和维持这样一堵玻璃墙。一种理论认为，这堵墙是由地球的磁力线构成的。这些磁力线会捕捉并控制带电粒子，如质子和电子。这些粒子在地球两极之间跳跃，就像落在电线上的愤怒的小鸟。另一种理论认为，地球上

人类活动产生的无线电信号将电子散射到了这个屏障的所在之处，阻止其外部的带电粒子继续向下运动。但这两种理论都没有什么科学依据。目前，科学团队根本不知道这些运动方式缓慢且稳定的粒子是如何突然合谋起来，在太空中的"玻璃墙"上形成如此尖锐而顽固的边界的。

　　然而，第三种理论还要更有趣。这种理论认为，在地球上方约 960 千米处，有一个冰冷的、巨大的带电气团，正在向第三圆环处散射电子。这片巨大的云叫什么名字？等离子球！这样听起来，它确实像是一个力场。

年龄线会成为现实中的技术吗？

"年龄线"是一种咒语，可以防止年龄不符合的人进入某些物体或区域。在《哈利·波特与火焰杯》中，就是用年龄线咒语来防止未成年人投票的。当然，在麻瓜社会里，儿童也受到这种限制。在大多数国家，他们要到 18 岁才能投票。

在社会中，很多种情况下都需要根据年龄来限制某人的自由，比如开车、喝酒、工作，甚至玩耍。对于年龄限制，每种情况都有不同的原因，无论是出于安全原因、提供公平竞争，还是为了确保某人已经具备了合理水平的责任感和生活经验。年龄线可能会使某些人因为自己的实际年龄而受到歧视，这样听起来有点令人担忧。我们会开发出这样的技术吗？还是已经开发出来了？

年龄限制

邓布利多划下年龄线是为了协助执行魔法部制定的年龄限制。魔法部决定，由于涉及潜在的致命风险，17 岁以下的任何人都不能参加这场极其危险的三强争霸赛。因此年龄线咒语被用来阻止年龄不到的人走近火焰杯，将自己的名字输入火焰杯里。在魔法界，17 岁是一个重要的年龄，因为直到 17 岁，魔法师们才被允许在校外使用魔法。

在麻瓜社会中，年龄限制是一件稀松平常的事。在英国，你要到 16 岁才能全职工作，而要想获得信用卡、驾照或投票权（苏格兰除外），你至少得 18 岁。18 岁在许多国家都很重要，因为它是众所周知的成年年龄。成年指的是一个人被认为应当对自己的行为负责，而他们的父母则不再对他们相关的事务拥有法律控制权。

在社会中引入年龄限制是有充分理由的，尽管年轻公民们可能并不同意。例如，电影评级系统（PG、PG13、R 等）确保了其年龄适宜性。这是为了保护年轻观众，使他们免受电影产生的任何不良心理反应。事实上，年轻人在有执照的电影院之外观看年龄限制级电影并不违法，但成年人有责任确保年轻观众不会因为观看电影而受到不良影响。因此，如果电影院的工作人员对某人的年龄有疑问，根据法律，他们必须要求这个观影者提供包括照片和出生日期的身份证明，比如护照或驾驶执照，来证明自己的年龄已达标。

这一条同样适用于持有酒精销售许可证的场所：如果某人不能证明自己的年龄已经达标，那么工作人员就会拒绝为他提供服务。许多饮酒的场所还会雇佣保镖或保安人员站在门口，不让未成年人进入。本质上，他们的功能与年龄线类似，是防止年龄欺骗的第一道防线。

年龄与欺骗

"一条年龄线！好吧，那它应该可以用增龄剂糊弄过去，不是吗？一旦你的名字出现在火焰杯里，你就能得意地笑了，火焰杯又不知道你是不是已满十七岁！"

——弗雷德·韦斯莱，《哈利·波特与火焰杯》

年轻人找到了各种巧妙的方法，试图欺骗管理者。他们这些欺骗手段只需要跟用来逮住他们的安全措施一样复杂就行了。当需要面对面的时候，除了赤裸裸的撒谎之外，年轻人还可能会采取让自己看起来更成熟的行为方式或穿着方式。如果这还不起作用，那么他们可能会借用一张大人的身份证，甚至去伪造一张身份证。最近，在线消费和社交媒体日益盛行起来，这就需要对年龄验证提出新的要求，而与此同时，也随之产生了各种不同的方法来规避这些要求。例如，许多社交媒体网站，年轻用户必须先得到父母的许可，否则就必须满 18 岁。尽管有这些年龄限制，超过一半的 13 岁以下的英国年轻人仍然在至少一个社交网站上拥有个人资料。

一个可能的原因是，许多网站上的年龄验证用的都是所谓的年龄确认页面，用户只需要输入出生日期，或单击复选框，就可以声明他们已满 18 岁。所以，一个年轻人在建立账户的时候可以捏造一个合适的年龄，而网站的管理员们也看不出什么问题。这差不多就像是韦斯莱兄弟走到年龄线前，简单地说一句自己已经满 17 岁，就可以进去了。

然而，当韦斯莱兄弟和朋友们喝下增龄剂，试图通过增加自己的生物年龄来糊弄年龄线时，这种诡计并没有奏效。年龄线似乎不需要去分辨他们显示出来的生理年龄。取而代之的是，年龄线能够分辨出他们按时间顺序排列的年龄，即他们从出生之日起经过了多少天、多少年。

在大多数麻瓜社会里，年龄验证一般都是由人类完成的。但随着人们引入了越来越复杂的技术，这一责任逐渐转移到了计算机系统和软件上。说到在线业务，有各种年龄验证的方法可供使用，其中包括典型的身份文件检查、信用卡验证，以及在线身份查验软件等。

一个在线机构将他们的身份验证解决方案描述为，调用了大量消费者数据，包括英国最大的出生日期文件档案。因此，只要用户通过密码登录或指纹授权等方式提供自己的身份信息，这些身份信息就可以与存储在某处的、包含他们身份信息的数据库进行交叉引用。只要这些数据库的信息是可靠的，那么他们的出生年代就可以得到证实。但如果没有某人的年龄记录呢？在生物学中，是否有什么方法可以让我们确定年龄？

年龄歧视

随着年龄的增长，我们体内的各种细胞会逐渐退化，它们正常运作的能力会逐步降低。一些器官还会经历细胞数量的减少，这是由于部分细胞已死亡，却没有被替换。这些都是生物衰老的原因，也被称为老年化。常见的生理变化包括皮肤弹性降低、视力减弱，以及能听到的频率范围缩小等。

现在，已经有一些技术可以利用这些生物变化现象来实施年龄限制。一个例子是"蚊子防游荡器"：某家在线零售商把这个设备描述为"驱散一群行为不端的青少年最有效的工具"。这种设备的工作原理是这样的，随着年龄的增长，耳朵对高频声音的敏感度会降低，这就是所谓的老年性耳聋。因此，设计师们让这种设备以特定的频率发出刺激性的声音，据说，大多数 25 岁以上的人都听不到这种音调。

虽然高频声音是无害的，但它听起来非常烦人，以至于那些能听到它的人一般都会想要避开这种设备周围的区域。它的效果可以在 40 米之外感受到，但它不能穿透实心墙。

从能够有效驱赶特定年龄以下的人这个功能看来，蚊子防游荡器就成了一种基础版的年龄线。然而，并不是所有 25 岁以上的人都能对它的影响免疫，而且它也不像看门人那样，有一个物理上的屏障。现在我们还不确定，年龄线到底是设置了一个物理屏障，还是以其他方式发挥作用。蚊子防游荡器是通过人的生物年龄来设定限制，还有一些技术可以通过人的生物特征来确定他的时间年龄。

生物年龄标记

研究生物衰老的科学被称为生物老年学，这一领域的研究人员已经开发出各种技术来延长人的寿命。其中一种方法是通过测量端粒的长度，端粒存在于真核细胞线状染色体的末端区域，它会和其他因素一起共同影响细胞衰老和死亡的速度。在我们出生时，

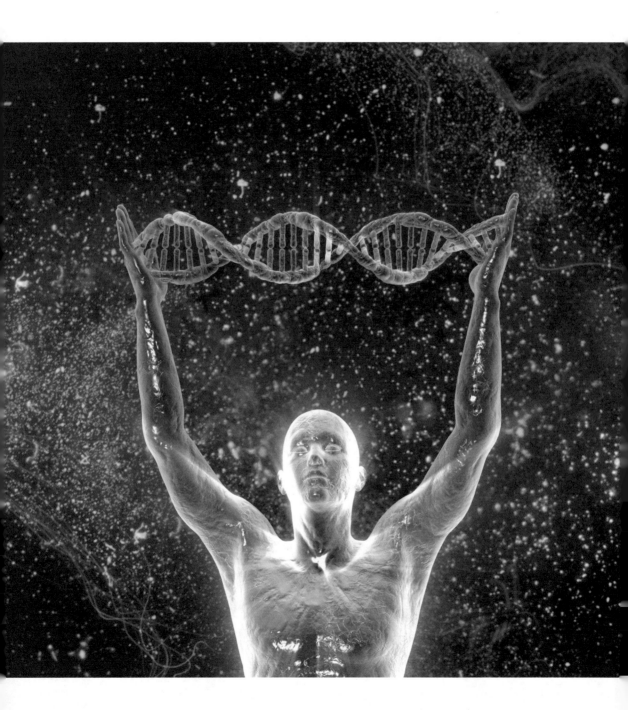

端粒的长度超过 10000 个碱基对，但每次细胞分裂时都会丢失一点，所以到了老年时，端粒的长度就只剩下大约 4000 个碱基对了。

对端粒长度的测量已经可以在实验室中完成了。不过，测量需要特定的条件和设备，比如显微镜，以及从被调查者身上采集的细胞样本。然而，如果一条年龄线能以某种方式进入人的细胞，它就有可能利用分析端粒长度的方法来确定这个人的生物年龄。

还有一种方法，可以用来精确定位人体中较老的部位，这个方法叫作 DNA 甲基化（DNAm）。DNAm 是细胞用来控制基因表达的一种机制。一个人年龄越大，DNAm 机制的功能就越弱，这使得它可以被当作衰老的标志，也就是说，可以用它来测算一个人的生物年龄。所谓的 DNA 甲基化时钟就是利用这种原理，它也被称为表观遗传时钟，可以提供相对比较准确的生物年龄测定。

利用这种方法，荷兰的一个研究小组进行了年龄测算试验，通过血液样本测出某人的年龄，测算出的年龄与真实年龄的误差在四年以内，通过牙齿样本测出的年龄与真实年龄的误差则在五年以内。被测人的年龄越小，测算错误率越低，因此，对年轻人做年龄测算的误差只有两年左右。

那么，年龄线能成为现实吗？

首先，在我们的社会中，保护年轻人安全的普遍需求是推动年龄限制技术的强大动力。考虑到在许多场景中，有必要限制年轻人去访问某些服务，那么似乎任何一种可以复制年龄线咒语的技术都是非常有商业价值的。毕竟，商业价值是促进技术发展的强大动力。确定年龄的方法确实是存在的，但它们大多数都需要采集样本，然后花时间进行分析。到目前为止，还不太可能在三米之内（年龄线的半径）完成这项工作。也许有一天，某些现有的方法可以与某种新技术结合起来，以实现从远处即能确定某人个人信息的功能，但目前看来还不太可能。我们只能拭目以待。

人类社会中会发展出算术占卜学吗？

　　有些人可能会说，赫敏·格兰杰对预测未来根本不感冒。她显然十分讨厌预言学这个科目，也就是通过各种可疑的工具和仪式预测未来或未知事件。然而她也说过，算术占卜学是她最喜欢的科目。算术占卜学也是一门研究未来的魔法学科，但它和预言学的区别在于，算术占卜学运用了更精确的数学方法预测未来，理性的赫敏更喜欢这种方法。（她对预言学的诸多抱怨之一是，这门课好像总是在"猜来猜去"。）

　　算术占卜学研究的是数字的魔法属性。而且，因为用数字预测未来在算术占卜学中占据重要地位，所以它和麻瓜的命理学有一些共同之处。算术占卜学是霍格沃茨的一门选修课，到第三学年才开设。这门课的学生作业是写一篇关于如何解释或搭建复杂数字图表的小论文。那些搞算术占卜的人被称为算术占卜家。

　　魔法史上著名的算术占卜家有小巴蒂·克劳奇，还有赫敏本人。小巴蒂·克劳奇是一个食死徒，作为魔法法律执行司的高级官员，他大力促成了伏地魔的回归。哈利自己似乎也沉迷于占卜学。在学校的时候，哈利还给赫敏买了一本《新命理学理论》作为圣诞节礼物。但数字真的能预言未来吗？

数字开启宇宙

毕达哥拉斯学派很早就认识到了数字与自然之间的联系。他们意识到数字是理解整个宇宙的关键。他们试图将宗教与科学、医学与宇宙学、数学与音乐结合起来，心、身、灵合一，综合建立起一个整体的宇宙观。"哲学"这个词就来源于毕达哥拉斯学派。当麻瓜们泛泛地说起"和谐"或"数字"等词时，他们说的就是毕达哥拉斯学派的用语。毕达哥拉斯学派的做法是划时代的。通过将数学应用于人类经验，他们成了当今世界所谓的科学奠基人。

毕达哥拉斯学派成立于公元前 6 世纪。毕达哥拉斯学派热衷于数字的魔力。对他们来说，哲学是最高等的音乐。哲学的最高形式是数字，因为最终所有的东西都是数字。所以，数字不会减少人类经验，而是丰富它。毕达哥拉斯学派所谓"和谐"的概念是，如何将各种对于宇宙的观点联系并综合起来。数字并不是随机掷出来扔到世界上的，它们是根据普遍的和谐法则被排列好的，或者是它们自己排列自己，就像水晶的结构或音阶一样。

在毕达哥拉斯学派关于"和谐"的基本概念中，人体也被视为一种乐器。每根弦都必须有正确的张力和平衡，这样才能使人的灵魂保持"和调"。至今，医学用语中还有许多关于音乐的隐喻，例如"tone"（英语中的本意为"音调"，引申意为"健壮"）、"tonic"（本意为"主音的，语调的"，引申意为"补品"）、"well-tempered"（本意为"节奏好"，引申意为"脾气好"）等，这都是毕达哥拉斯学派语言传承的一部分。

据传说，毕达哥拉斯从铁匠那里找到了音乐和数学之间的联系。一天，毕达哥拉斯在工作时经过一个铁匠铺，听到铁匠敲击铁砧的悦耳声音，毕达哥拉斯意识到，这种音律的和谐在数学中一定具有某种关联。于是他就在铁匠那里停下来，仔细研究打铁的工具，寻找工具和音调之间的联系。

毕达哥拉斯学派非常重视数字，他们甚至会为数字而杀人。可悲的是，正是大自然中一个关于数字的秘密导致了组织的终结，因为，毕达哥拉斯学派发现了无理数。无理数，如 $\sqrt{2}$ 或 π，是不能写成两个整数之比的数。对于那些相信自然界中一切都可以通过数列和数字比率来理解的哲学家们来说，这是一个巨大的打击。

　　无理数存在的证据是由学派的一位成员——麦塔庞顿的希帕索斯发现的。据说，他在思考关于五角星的几何学时发现了无理数，毕达哥拉斯学派将五角星当作成员间互相认可的象征，也是内心健康的标志。起初，其他学派成员试图用逻辑来反驳无理数的存在，但他们失败了。今天，我们知道实数集既包含有理数又包含无理数。毕达哥拉斯学派对数字的绝对性深信不疑，所以他们隐瞒了这个发现，把无理数称作"不能说的事"。但是希帕索斯还是把这个丑闻泄露了出去，据传说，他是被淹死的。

　　"据说，最先把无理数从隐秘带往公开的那个人死于一场海难。因为那些无法言说的和无形的，都必须被隐藏起来。而那些揭开并触碰这一生命之真相的人，则将被立即毁灭，并永远被曝身于永恒不竭的怒涛之中。"

　　　　　　　　——马克·布雷克，《科学中的革命》

　　确实很像一出希腊戏剧。

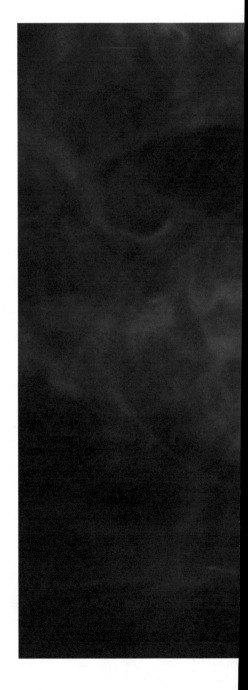

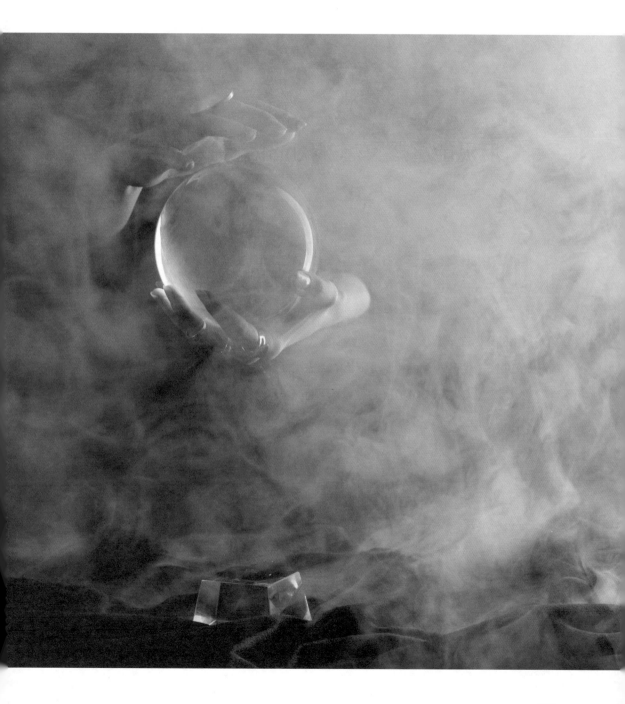

麻瓜能掌握冥想盆的记忆转移术吗？

传说冥想盆比霍格沃茨本身还要古老。据说，这所学校的创始人发现了半埋在地下的冥想盆，它由一块古老的石头制成，上面还刻着一种奇怪的撒克逊符文。这一发现不仅说明了冥想盆诞生于霍格沃茨建校之前，而且有传言称这也是魔法学校建造在如此偏远位置上的原因之一。

冥想盆是一件用来存储和整理记忆的上古法器。它看上去很像一个浅浅的石头盆或金属盆，盆壁上刻着符文和奇怪的符号，里面充满了一种银色的物质，这种物质看上去有些像水银，但又很轻，像是云朵。魔法师们可以用魔杖将他们一段一段的思想和记忆从头脑中转移到冥想盆里。所以，冥想盆中承载着所有曾被魔法师们转移到盆中的思想的总和。

许多赫赫有名的霍格沃茨校长们以记忆的形式，为后来人留下了他们的遗产。这些保留下来的记忆就是一座珍贵的图书馆，可供未来担任校长一职的魔法师们参考。据推测，邓布利多本人也把他的记忆加入了冥想盆中，其中最重要的，是他对伏地魔兴起和衰落过程的回忆。邓布利多曾经说过，他发现冥想盆在整理思绪、发现可能被忽略的联系和模式方面非常有用。

"冥想盆"（"pensieve"）是一个组合词，它由"冥想的"（"pensive"）和"筛子"（"sieve"）这两个词组合而成，"筛子"含有排水、过滤和分开的意思。"pensive"这个词由法语词衍生而来，源于拉丁语中的"pensare"，意思是"思考"，它在英语中的意思也是"深思熟虑的，冥想的"。综上所述，"冥想盆"这个词的词义正是邓布利多使用它的目的——一个可以整理思想和记忆的法器。

关于如何使用冥想盆，有一些特别需要注意的地方。正如邓布利多让哈利作为目击证人，看到了过去的事件，盆中的记忆可以被非当事人从第三人的角度去观看。而且，考虑到盆中存放的常常是非常私密的、个人化的记忆，所以冥想盆很可能会被滥用。因此，大多数冥想盆都带着其中的记忆，和他们的主人一起埋葬了。也有一些魔法师把他们的冥想盆和其中的记忆传给了其他魔法师，比如霍格沃茨的冥想盆就是这样。那么，麻瓜的记忆转移技术有什么最新进展吗？我们有没有开发出一种类似于冥想盆的技术？

记忆编辑

在科幻小说中，操纵记忆有着悠久的历史。伊斯雷尔·赞格威尔 1892 年所著的小说《记忆交换所》中讲述了一个移除和借用记忆的故事。类似于冥想盆，记忆的移除是通过一个设备完成的。这种设备是一种记忆写入装置，它可以通过感光板接收关于思维的映象，以此作为不同大脑思维之间的媒介。在 1965 年约翰·布伦纳所著的《漫长的结果》一书中有一种装置，可以将某些敏感的记忆锁定一段时间，而主人公可以在多年后再次解锁这些记忆。

或许，最出名的记忆编辑桥段都出现在电影里。在《黑衣人》系列电影中，黑衣人特工用的是记忆消除棒。这种设备看起来很像普通的雪茄管，当它闪烁时，它会根据参数设定，消除接收者对过去几个小时、几天、几周、几个月甚至几年的记忆。在 1998 年的电影《移魂都市》中，外星人能够大规模地编辑篡改人类的记忆。在根据菲利普·K.迪克 1966 年所著小说《记忆总动员》改编的电影《全面回忆》中，主人公的脑子里被植入了在火星上度假的错误记忆。植入记忆比实际去火星旅行一趟要便宜得多，然而当植

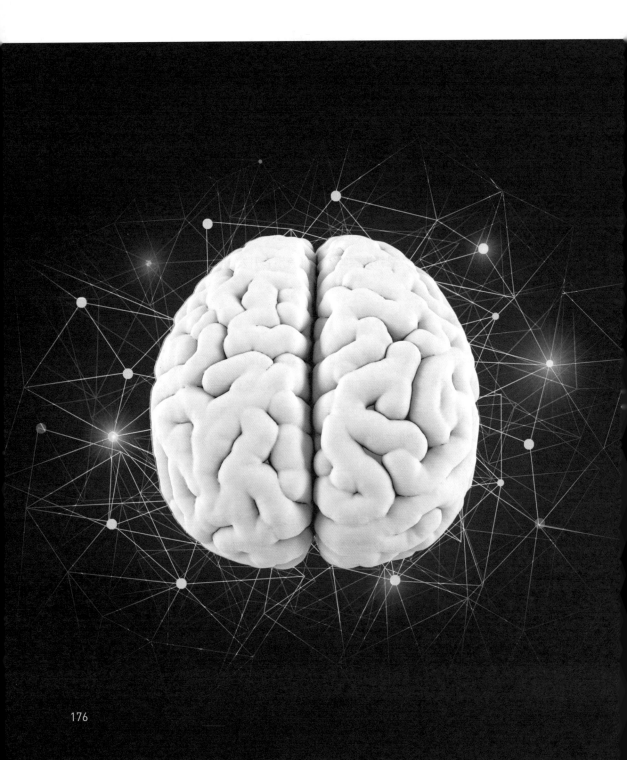

入的记忆与现实纠缠在一起时，麻烦可就来了。在电影《盗梦空间》中，出现了记忆入侵，不过这一回，这个操作可并没有经过对方的许可，而是通过入侵对方的梦境实现的。难怪麻瓜们对记忆工程的未来如此着迷。

注射器里的莎士比亚

从 20 世纪 50 年代末到 70 年代中期，记忆编辑似乎真的是可能的。这要从动物记忆的化学传递开始说起。研究发现，动物的记忆似乎被储存在化学物质中，可以在不同的生物个体之间流动。这项研究令人兴奋。如果记忆真的能被编辑到分子中去，还会产生哪些可能呢？幼儿园的孩子们也许只需要吞下一粒药丸就能学会乘法。大学生们可以做个皮下注射，就能把一门外语说得十分流利。演员们可以把伟大的著作《莎士比亚全集》直接注射进自己的血管。

记忆工程已经有了个很棒的开头。麻瓜科学家们称，他们从一只动物的大脑中提取出了与记忆相对应的物质，再将这部分物质导入另一只动物大脑中，结果是有效的。假设第一只动物接受过某种任务的训练，那么在记忆转移之后，第二只动物似乎只需要通过少得多的训练，就能明白如何执行同样的任务。也就是说，第二只动物通过记忆编辑，获得了先发优势。

这一切都始于虫子。最初的测试是在真涡虫身上进行的，它们被训练成在光线下会把身体蜷缩起来。训练过程是这样的：在真涡虫穿过水缸底部时给它们光刺激，同时对它们进行轻微的电击，真涡虫会逐渐学会将光与电击联系起来。最终，无论是否受到电击，只要光线一亮，真涡虫就会蜷缩起来。光照下会蜷缩身体的真涡虫被认为是"专家虫"。然而，只要将"专家虫"身上一部分组织转移到"新手虫"身上，即使"新手虫"没有经过水缸训练，它们也会表现出与"专家虫"相同的行为。

20 世纪 60 年代中期，记忆编辑工作从虫子转移到了哺乳动物身上。之前，关于如何解释真涡虫的实验，已经产生了一场激烈的科学争论。现在，赌注变得更大了。然而，当 1964 年的一篇论文发表出来后，人们便将之前数十年的工作统统都抛诸脑后了。这篇论文来自诺贝尔奖得主梅尔文·卡尔文所在的颇具影响力的实验室，论文中描述了有关真涡虫的研究，并由此推翻了之前所有关于记忆化学传递的早期研究。

到了 1972 年，这个领域已毫无生机。最负盛名的生物学杂志《自然》发表了一篇长达 5 页的报告，支持记忆化学转移的观点。然而，与之相伴的是另一篇长达 15 页的批评性社论，这大大削弱了记忆编辑领域的可信度。但直到目前，还没有任何公开发表的报告能够明确地驳斥记忆转移的观点。早期研究得出的许多正面结果都没有找出其他合理的解释。记忆转移从未被推翻。科学家们似乎只是厌倦了它，或者是因为出现了更有趣的话题。随后，《自然》杂志对其他有争议的科学领域也开始做批评性社论。

麻瓜能研究出瞬间传送技术吗?

  魔法师们总出现在最奇怪的地方,不是吗? 他们前一刻在对角巷里对着大锅沉思,下一刻又在三把扫帚酒吧里畅饮黄油啤酒。这么说起来,在魔法世界里,跑来跑去是件很容易的事。有很多种即时旅行的方法可供选择,比如飞天扫帚、飞路粉和门钥匙。

  也许最神奇的旅行方式是"幻影移形"。这种魔法旅行方式有三个要素:目的地、决心和深思熟虑。魔法师旅行者必须在心里十分专注地想象着他们要去往的目的地,迅速地移动,从他们当前的位置瞬间消失,再瞬间出现在他们想到达的位置,但这番操作必须十分谨慎。简而言之,幻影移形是一种瞬间传送术。

  而且,就像未来的瞬间传送技术一样,幻影移形的旅行速度和舒适性在一定程度上也会被其缺点所限制。幻影移形不仅伴随着或轻微或响亮的爆裂声,而且如果操作不当,还可能会导致受伤。尽管家养小精灵也能做到幻影移形,熟练的魔法师们甚至不用魔杖就能做到,但是,新手魔法师们在练习幻影移形时还是有可能会落下身体的某些部位。当魔法师们没有足够的决心到达目的地时,就会发生这种情况:他们身体的一些部位没能跟随魔法师一起到达目的地。

  魔法界还有另一种类似于幻影移形的方法,即使用消失柜。用一对消失柜作为两个地方之间的通道,把物品放进一个消失柜,它就会出现在另一个消失柜中。消失柜也可以用来运送魔法师。它们在第一次魔法战争期间非常受欢迎。为了躲避食死徒的攻击,魔法师们钻进消失柜中，躲到另一个地方去，直到危险过去。但如果其中一个柜子坏了，那么在两个柜子之间移动的物体就会被困在一种边缘地带里。

幻影移形有多少可能性呢？在幻想和现实中，它的真相到底是什么？

科幻小说中的瞬间传送简史

多年来，瞬间传送在科幻小说中可谓经典设定。它的梦想，是能够在瞬间让物体传送过一段空间距离，并在另一个位置上将这个物体准确地再现出来。这个概念曾出现在早期的犹太神话中，在那里它被称为"Kefitzat Haderech"，字面意思是"缩短路程"或"捷径"。

后来，美国奇幻作家弗兰克·赫伯特用到了这个神话中的术语。在其 1965 年的小说《沙丘》中，书中的主人用基因工程创造出的一条通往人类未来的捷径，也是创造超人类的捷径。

在许多神话和魔法故事中，人们都可以灵魂出窍，就像幻影移形一样，但这些情节通常被描绘得十分神秘。1877 年爱德华·佩奇所著的小说《没有身体的人》首次探讨了现代的瞬间传送技术。在这个短篇故事中，这位科学家主人公先是把他养的猫分解成了原子，再将这些原子传送出去，最后再把猫重新组装起来。可惜当他在自己身上重复这个实验时，很不幸，突然来了一场不合时宜的停电，于是只有他的头被传送走了。

这种瞬间传送的灾难似乎很常见。《变蝇人》最初是一篇写于 1957 年的短篇小说，后来被拍成了三部电影。在电影中详细探讨了瞬间传送可能带来的诡异后果。一位科学家在进行瞬间传送实验时，意外地将自己与一只苍蝇融合在一起，这本应是件令人痛心的事，但后来却发生了一系列搞笑的事件。

多年以来，瞬间传送已经成为幻想作品中的一个主要内容。在 1939 年的《巴克·罗杰斯》系列电影中，瞬间传送成了角色们从一处移动到另一处的首选旅行方式。当然，大多数人都会把瞬间传送和《星际迷航》中的经典台词"把我发射出去，斯科特"联系在一起。在这个颇具影响力的电视剧中，原本是计划让主角们把飞船降落到行星表面上的。但是因为特效组的预算限制，所以必须得有一个更具创造性的解决方案。于是，瞬间传送舱诞生了。

在《终结者》和《星际之门》系列电影中，瞬间传送与时间旅行被结合到了一起，主角们利用虫洞，从一个时空转移到另一个时空。

麻瓜的瞬间传送简史

在科幻作品中，常常用量子物理中的术语来描述瞬间传送。这种传送物质的方法意味着，原本的物体或人体会先被分解摧毁，然后在另一个地方被重新拼凑起来。你会发现，这种方法很悬！万一"拼凑"的过程没有按计划进行呢？人体内有数万亿个原子，这意味着每个人都必须先被分解为一个个原子，再对这些原子进行编目、数字化和传输。然后，必须再将整个过程反向进行一遍，把这些原子在新的位置上重新组装起来。那么在这个过程中，灵魂去了哪里呢？如果灵魂确实存在的话。（这提出了一种新的可能性，即将灵魂也分解成不同的组成部分，不过这就是另一个故事了。）

有一种方法可以避免零散传送的问题，那就是复制。在这种模式中，瞬间传送并非同时摧毁和创造被传送的物体或人，而是在远处产生出一个精确的复制品。但是，这种方法又产生了另一个问题，即究竟谁是"本体"。

麻瓜们一直在缓慢地追赶这种幻想。2002 年，澳大利亚的科学家们成功地瞬间传送了一束激光，他们的方法是，首先扫描一个特定的光子，再复制它，最后成功地在任意距离上重新创造出一个同样的光子。随后，德国和美国的科学团队使用非常相似的技术，各自独立完成了钙离子和铍离子的传送。2006 年，丹麦出现了一个新的进展，科学家们成功地将一个物体传送了半米远。在这个实验中，被传送的物体虽然体积很小，但它仍然是由数十亿个原子构成的。

纽约城市大学的加来道雄教授认为，传送活人到地球上另一个地方去，甚至进入外太空的技术在 21 世纪末可能会实现。加来道雄教授是一位著名的未来主义者，他承认自己对实时旅行和隐身等话题持乐观态度。他对各种幻想作品中的技术进行了研究，并且很肯定地认为，某些科幻作品中的技术将会在未来的某天变成现实。

加来道雄教授这样说道："你知道，我们这些物理学家曾大肆嘲笑'把我发射出去，斯科特'这句台词。我们曾经笑话瞬移或者隐身之类的事，但现在，我们不再如此嘲讽了。我们意识到，在这一点上，我们错了。瞬间传送其实已经存在。在原子水平上，我们已经做到了瞬间传送，它被称为'量子纠缠'。"加来道雄教授将这个过程描述为使原子之间形成连接的过程，这种连接有些类似于一根脐带，一个原子的信息可以通过这种连接，传送到远处的另一个原子那里去。"我认为，在十年之内，我们就能传送第一个分子了。"加来道雄教授总结道。

麻瓜版的魂器是怎样一种器物?

它是伏地魔的一项杰作。伏地魔将自己的灵魂分裂成碎片,把这些碎片藏在他身体以外的其他物品里。之后,即使他的身体被攻击或摧毁,他也不会完全死去,因为他灵魂的一部分被转移了,于是他仍能存活于世,完好无损。魔法师用来藏匿部分灵魂的魔法器物就叫作"魂器",它是进行灵魂转移的神奇载体。

为了制造出一个魂器,魔法师不得不进行一次精心策划的谋杀。谋杀的行为会损害魔法师的灵魂,将其一部分剥离下来,因此,可以利用这种损害来施放咒语,将被剥离的灵魂封入一个物体中。如果这个魔法师后来被杀,那么他将超越死亡,以非实体的形式继续活下来。但也有重新拥有肉体的方法。

为了制造出七个魂器,伏地魔将自己的灵魂逼到了极限。这让他的灵魂变得十分不稳定,如果他被杀死,那么他的灵魂很可能会四分五裂。从伏地魔在霍格沃茨的第五年制造出第一个魂器开始,他的灵魂就逐渐开始分裂。最开始,人们以为只有一个魂器,但实际上他总共制造了七个魂器,大概是希望七个魂器能让自己变得更加强大。

事实上,就像在科幻小说中一样,长期以来,人们一直在寻找将灵魂转移到一种全新的存在形式中去的方法。从历史上看,灵魂转移的概念大多属于宗教信仰的范畴。但现在,越来越多的人认为,科学或许能以某种方式让我们的灵魂超越身体的局限。灵魂转移技术或许已近在眼前。

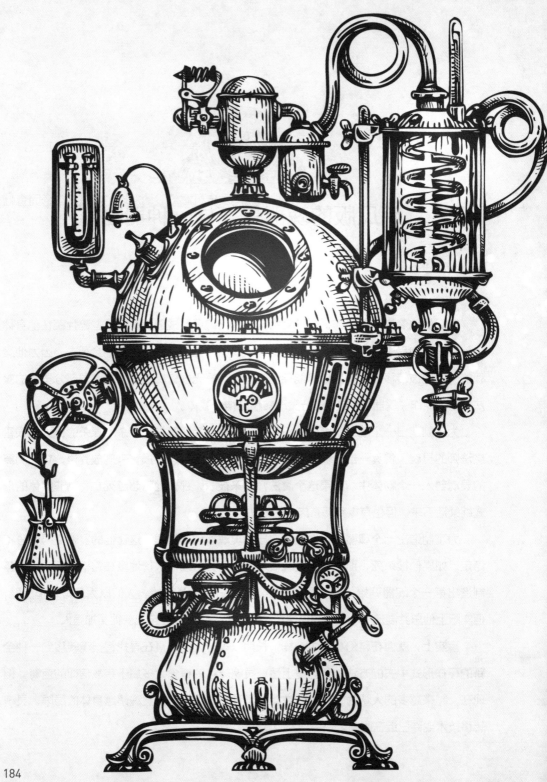

灵魂转移与电子欺骗

爱因斯坦曾经说过："现实只是一种幻觉，尽管是一种非常持久的幻觉。"当一种对于电的痴迷进入人们的生活时，灵魂转移的概念就迅速诞生了。本杰明·富兰克林通过避雷针将电引到了地面；迈克尔·法拉第利用发电机魔幻般地发现了电磁感应；而青蛙腿中暴露的坐骨神经则促使路易吉·伽伐尼发现了生物电。

然而，有些人觉得还有更加黑暗的魔法。电学是继牛顿的引力学之后出现的又一门科学，有着悠久而传奇的历史。自古以来，人们就十分珍视亲缘学说。琥珀能够产生吸力，这正说明了某些特殊物质中藏有某种特别的属性。就像被施了魔法一样，只需要轻轻触碰，磁铁中所蕴含的神奇属性就能被赋予到其他物体身上。可能性似乎无穷无尽。

在这种思潮中，玛丽·雪莱和她划时代的著作《弗兰肯斯坦》登场了。1816年6月，玛丽·沃斯通克拉夫特·戈德温和她的未婚夫珀西·比希·雪莱来到日内瓦湖，拜访拜伦勋爵。那一年没有夏天，前一年的坦博拉火山爆发所引发的火山冬天仿佛将整个星球都冻结了。持续不断的严寒天气将这些浪漫主义者们关在屋里，他们开始交谈起来。他们看的书大多是幻想作品，其中包括《死神寓言》，这是一本关于德国鬼魂故事的文集，其中讲到了制造生命。达尔文的一项实验报告称，保存在玻璃盒中的意大利细面自己动了起来。玛丽后来陷入了一场清醒的噩梦，在梦中，一个"学习渎神之术的学生皮肤苍白，跪在他拼成的东西旁边"。这个挥之不去的噩梦萦绕着她，成了《弗兰肯斯坦》的种子。

《弗兰肯斯坦》本质上是一个灵魂转移的故事。维克多·弗兰肯斯坦是新哲学中的浮士德。小说的副标题《现代普罗米修斯》也将维克多·弗兰肯斯坦与从众神手中偷取火焰，为人类牟利的普罗米修斯做了类比。维克多的梦想是通过科学获得无限的力量，这是一种由人类而非超自然所带来的力量。维克多拒绝接受炼金术士帕拉塞尔苏斯、阿尔伯特·马格纳斯和康奈利·阿格丽芭的黑暗艺术，转而面向未来。他痴迷于研究生命的本质，并找到了一种能够让已经死亡的尸体重获新生的方法。维克多希望自己的作品是美丽的，他用从殡葬场所里找到的尸块拼凑出了一个肢体健全但样貌怪诞的生物。只有那些百无禁忌的新科学，才能激发出他这番逆转生死的可怕成就。

通过《弗兰肯斯坦》的故事，玛丽介入了当时人们对于电的兴奋中。在整个欧洲，人们对使用这种全新的力量感到激动不已，并对使用电来维持、创造甚至转移生命进行了狂热的研究。关于这门新科学以及研究它的科学家魔法师，维克多·弗兰肯斯坦是这样说的："他们升入了天堂：他们发现了血液循环的规律，搞清了我们所呼吸着的空气的性质。他们获得了全新的、几乎无限的力量；他们可以指挥天雷，模仿地震，甚至用它们的影子来模拟看不见的世界。"

机器中的达尔文

上述关于电的第一个梦想从未实现。而灵魂转移的新技术则是人工智能。英国小说家塞缪尔·巴特勒第一个将达尔文的进化论带入了机器世界。在他 1872 年所著的《埃瑞璜》中，主人公来到了一个禁止技术进步的未来社会，那里的人们担心机器会进化，会产生智慧和意识，奴役他们的人类主人。

"现在虽然很复杂，但再过 10 万年，或者是 20 万年，它难道不能变得非常简单、非常有条理吗？因为现在，有人坚信，自己的兴趣就在这个方向上；他花费了无数的时间、劳动和思想，使机器一代一代变得越来越好；他已经成功完成了许多一度看似不可能实现的事情，如果可以一代接着一代地做出改进，那么，这样累积下来的结果就有着无限的可能。"

——塞缪尔·巴特勒

　　因此，从早期开始，科幻小说就提到了允许机器产生思考将导致的危险。然而学者们现在认为，实际上人类有可能成为机器。一旦人工智能发展到足够先进的程度，工程师们就能将人类意识上传到机器中。我们的假设是，意识能够以某种方式被复制到一系列模拟出来的大脑活动中，因此，灵魂就可以如此这般被传送到机器中，就好像灵魂可以被转移到魂器中一样。

　　如果这发生在你身上，你的灵魂就会被转移。你的新皮肤或身体可以是个机器人，或者仿生人，或者你可以干脆生活在虚拟现实中。你的思考和行动会比以前快上千倍，也能更好地适应未来。事实上，就像伏地魔一样，为什么要止步于一个魂器呢？如果你的意识可以上传，那么为什么不像伏地魔创造他的七魂器一样，把自己放进七个不同的皮肤里呢？

　　被灵魂转移的感觉如何？也许我们可以思考一下玛丽·雪莱的《弗兰肯斯坦》，由此来回答这个问题。1994 年的电影《科学怪人》又名《玛丽·雪莱的弗兰肯斯坦》由肯尼思·布拉纳执导，罗伯特·德尼罗主演。与小说不同，导演布拉纳令维克多·弗兰肯斯坦复活了他一生的挚爱，被杀死的伊丽莎白。在电影中，被弗兰肯斯坦复活的爱人伊丽莎白发现了他可怕的所作所为，这个结果令人感动，同时却又令人不安，充满诡异。复活后的伊丽莎白感到自己被困在进退两难的可怕境地中，逐渐陷入疯狂。或许，这就是被灵魂转移的感觉吧。

只有魔法师会挥舞魔杖吗?

　　红杉、紫檀、花楸、云杉或藤蔓,还有黑刺李、山毛榉和柳树。在《哈利·波特》的世界里,制作魔杖的木材有将近 40 个不同的品种,魔杖制造商也提供了十分丰富的魔杖芯材料。你可以将凤凰羽毛、龙心弦、独角兽毛或其他十三种奇特的魔杖芯材料装入你的魔杖。魔杖是魔法师们最理想的武器,它是魔法师用来实施魔法的工具。魔杖的杖身由这些不同的木材制成,而魔法物质则贯穿其核心,它们的长度和柔韧性各不相同,以获得更强和更丰富的效果。

　　事实上,在魔法世界中,大多数咒语都是用魔杖完成的,因为不用魔杖的魔法需要更多的技能和敏锐度。魔杖魔法一般都需要念咒语来施放,但更聪明、更有经验的魔法师也可以施放非语言咒,这样可以隐藏咒语,直到将咒术突然施放出来,以便阻止对手提前防御。

　　每根魔杖都是独一无二的。虽然用作魔杖芯的材料可能来自同一种生物,魔杖所用的木材也可能来自同一棵树,但没有两根魔杖是完全相同的。而且,根据魔杖所用木材和魔杖芯的生物来源,魔杖可以说是有"准知觉"的。因为杖中充满了大量魔法,这使魔杖有了一些感知力和活力。

　　对魔杖的历史和其魔法特性的研究被称为魔杖学。魔杖学是魔法中一个复杂而神秘的分支,其中包括魔杖选择魔法师,而不是相反,而且魔杖可以改变它所忠于的魔法师。

但只有魔法师会用魔杖吗？抑或魔杖学的历史要比这长得多？

作为象征的魔杖

如今，魔杖似乎无处不在。最著名的可能是许多虚构角色挥舞的魔杖，比如灰姑娘中仙女教母的仙女棒、大型多人在线角色扮演游戏《魔兽世界》中法师和术士所持的魔杖，以及托尔金的《霍比特人》中甘道夫的魔杖。甘道夫的名字在北曼尼什语（托尔金发明的语言之一）中的意思是"魔杖精灵"。

科学和技术在许多发明中都使用了"魔杖"这个词。魔杖（英文"wand"）在通俗

用语中，可以指代手持金属探测器，例如在机场和需要高度安全措施的建筑中使用的那种。魔杖也用来指代控制灯具、挡风玻璃等设备的控制杆。在音乐中，魔杖这个词指的是现代的指挥棒，乐队指挥用它从一群音乐家中变出音乐来。

魔杖已经伴随我们数千年了。一些石器时代的洞穴壁画中描绘了手持魔杖的早期人类，这或许是对他们拥有力量的象征性表现。魔杖也出现在古埃及人的艺术品中。事实上，《哈利·波特》故事中的奥利凡德家族制造魔杖的年代可以追溯到公元前382年，这个设定很可能是为了确认上述证据，并且说明作者具备相关的知识，即将魔杖、木头和魔法师互相匹配是欧洲德鲁伊文化的一个侧面，它在基督教兴盛之前就已经存在。在德鲁伊的魔法仪式上，魔法师会挥舞着用柳树、紫杉、山楂或其他他们认为神圣的树木制成的魔杖。只有在黄昏或黎明时刻，人们才会雕刻这种魔杖，因为他们认为此时是捕捉太阳能量的最佳时机。

现今仍有古代的魔杖留存于世，就像长老魔杖那样。这些由河马牙齿雕刻而成的古老魔杖来自古埃及，其历史可以追溯到公元前2800年。河马是一种极具攻击性且行为反复无常的动物，被列为非洲最危险的动物之一。所以，如果一个魔法师能用上这种动物的牙齿所制成的魔杖，那么他肯定也会得到其强大力量的助益。

河马并不是古埃及魔杖所用的唯一一种生物材料。所谓的辟邪魔杖（辟邪即阻止邪恶）曾被用来抵御恶魔的力量，它的历史可以追溯到公元前2100年左右。辟邪魔杖有着弯曲的形状，其上装饰着狮鹫和狮身人面像等魔法生物，以及公牛、狒狒、猫、鳄鱼、豹和狮子，还有蛇和青蛙等普通的动物。

最神秘的魔杖

史上最有趣的魔杖故事源自于西欧最古老的葬礼。1823年，一位孤独的骑手头戴高高的礼帽，身着飘逸的长袍，在黑夜中疾驰而过。他的目的地是梅林岛的西南海岸——

威尔士，具体点说，是威尔士的高尔半岛。他骑着马踏入了历史，进入了过去，进入了我们所有人的过去。这位骑在马上的人是新一代侦探中的一员，他就是威廉·巴克兰，牛津大学的地质学教授，一位精通岩石的专家。巴克兰手持锤子，他即将做出一项惊天动地的发现。他被高尔石灰岩中的一个洞穴——帕维兰特洞穴召唤而来。

在那个黑暗的洞穴里，巴克兰发现了一具古人类化石。但这还不是全部。用巴克兰的话来说，"我发现这具骨架被一种赭色的涂料包裹着……涂料浸染了周围的泥土，在一些地方，这种涂料延伸到骨头表面大约 1 厘米的距离……在靠近大腿骨、通常裤子口袋所在的位置，同样被赭色染料浸染着，旁边还有两小堆蜓螺壳。在骨架的另一部分，即与肋骨相连的位置上，有四五十片象牙制成的魔杖的碎片，还有一些用同样的象牙制成的戒指的小碎片，这些魔杖和戒指碎片以及蜓螺壳的表面都染上了红色，与包裹着骨头的赭色染料相同。"

巴克兰还发现一个猛犸象头骨，与这具骸骨放在一起。但他错判了骸骨的年龄和性别，他认为没有任何人类遗骸能比圣经中的大洪水更加古老。因此，他大大低估了骸骨的真实年龄，并且认为这具骸骨是女性，主要是因为在骸骨边发现了包括魔杖在内的装饰品。事实上，直到今天，这具人类骸骨仍被称为"帕维兰特赭女"。然而，这可不是一具普通的骸骨。

这具骸骨实际上，他是个男人，而且是个 20 多岁的年轻人。因为骸骨中没有头骨，所以，要推测相关的情况，就变得非常有挑战性。他身高约 173 厘米，体重约 70 千克。遗憾的是，由于没有头骨，我们无法根据法医人类学来重塑他的面部。在旧石器时代晚期欧洲各地的墓葬中，斩首的现象是很常见的，但也有一些人认为，他的头骨可能是在随后发生的洞穴洪水中被冲走了。

这个洞穴很可能是旧石器时代的神圣之地。几个世纪以来，他这具带着魔杖的遗骸已经成了这个神龛般的洞穴中受人敬仰的遗迹。

魔杖怎样发光?

在魔法世界里，有一种很方便的魔法，可以把魔法师的魔杖变成没有火焰的火炬。在电灯发明之前，拥有一件可以听从命令随意发光的道具确实是一件了不得的事情。

尽管现在，这样的照明设备似乎并不那么引人注目了，除了魔杖的光是从一根尖尖的木棒末端发出来的这一点有些不同。许多人都随身携带手机，手机具有多种功能，其中就包括了即时照明功能。

麻瓜们每天挥舞着手机作为光源，就像魔法师挥舞魔杖一样。那么，怎样才能让一根魔杖像火炬一样发光呢?

荧光闪烁!

这个咒语是魔法师们在光线暗淡的情况下最好的照亮方式之一。一旦施咒，魔法师手中的魔杖就会从顶端发出光来，仿佛它是用外星人的手指做成的一样。

当生命体利用内部反应产生光时，这个过程被称为生物发光。萤火虫、鮟鱇和许多其他动物都具有发光的能力，它们发出的光通常是蓝色和绿色的，有时甚至是红色的。由于魔杖并不是生命体，所以我们可以不去考虑生物发光作为魔杖产生光的机制。

将两种化学物质混合在一起也可以产生光。化学物质会通过化学反应而发光，这就是发光棒的工作原理。发光棒有许多种颜色，加热后可以发出非常明亮的光，尽管发光棒尖端的大小会限制实际的发光量。我们也可以通过让发光棒变冷使它停止发光。因此，化学发光机制可以作为一个候选。

总的来说，有很多种方法都可以产生光，但最常见的是白炽光或冷发光。白炽光指的是物质通过加热产生光，而冷发光则是指无论物质温度高低都能发光。也就是说，用魔杖施放的"荧光闪烁"咒如果是以白炽光的原理工作的，那么魔杖也应该有明显的热量，而如果它是通过冷发光原理工作的，那么作为发光源的魔杖会比发白炽光时冷得多。

创造光

光是电磁辐射的一种形式，它以光子的形式传播，不同颜色光的光子携带不同的能量。一般来说，给我们带来光的光子，其实是原子中的电子吸收和释放能量的结果。电子只会吸收和释放特定能量的光子，因此光子又被称为光量子。

对于冷发光来说，它是从各种不同来源吸收能量而得到的。根据不同的能量来源，可以确定不同类型的冷发光。例如，电致发光是由电引起的，声致发光是由声音触发的，而光致发光则是由光子的能量激发的。

我们的眼睛可以看到的电磁辐射频率被称为可见光，它包含了我们在彩虹中可以看到的全部颜色。彩虹中的每一种颜色都对应着可见光的一个特定频率。红光是我们能看到的最低频率，大约是 430 太赫兹，而我们能看到的最高频率约为 770 太赫兹，即紫光的频率。我们看到的光亮是由一系列不同频率的光组成的，也就是不同颜色的光聚集在一起。如果其中某一特定频率的光强度更大，那么这束光就会多带一些这种频率的色调。然而，如果所有可见光的频率以大致相似的比例分布其中，那么从总体上看，我们会觉得它是白光。

荧光闪烁咒会发出明亮的白光，这表明，魔杖能发出可见光谱中所有频段的光子。这些光子可以是由任意一种冷发光机制产生的，每一种冷发光机制都有自己的优点，尽管冷发光并非唯一的选择。

白炽光

所有未达到绝对零度（可能达到的最低温度为零下 273℃）的物体都以热辐射的形式发射光子，这个过程被称为白炽。

如果发光物体是不透明的（因此大部分光线来自它本身，而不是它反射的光），那么这个物体即可被视为"黑体"，而它发出的电磁辐射即是"黑体辐射"。

在大约 525℃，也被称为德雷珀点时，绝大多数固体材料都将开始发出可见光。在这个温度下，电磁辐射的峰值频率处在红外区，但有部分辐射会到达可见光谱的红色端，此时，我们就能记录下来该辐射发出了暗红色光。

这就是为什么当白炽灯泡变暗，其温度也降低时，我们能看到灯丝发出红色的光。提高温度会增加光的强度，它会变得更亮，同时光的峰值频率也会升高，这使得光的颜色从红色变为橙色，黄色，然后在温度最高时变为白色，因此，我们用术语"白炽"一词来描述极高的温度。

当暴露在这样的高温下时，如果有氧气存在，灯泡中的钨丝很快会被烧坏。这就是为什么在包有灯丝的白炽灯泡中并没有氧气。这在过去是通过将灯泡内部抽真空来实现的，但后来我们发现，用惰性气体（如氩气）填充灯泡可以减缓灯丝的蒸发，使其能够在更高的温度下工作。

我们可以将魔杖的顶端加热，直到发出可见光。但由于魔杖处在有氧气的环境中，这意味着它会着火并燃烧起来。而魔杖是由木材制成的，它的坚固性远远低于大多数白炽灯泡中用作灯丝的钨，于是这一点又会加剧魔杖着火的情况。不过，每根魔杖中都有一些魔法物质做成的杖芯，比如独角兽尾毛、龙心弦或凤凰羽毛等。也许，这些魔法物质的性能远胜于钨，也可以用作灯丝。

"明亮如昼"：复制阳光

在电影《哈利·波特与魔法石》中，赫敏使用"明亮如昼"咒语产生出一束强光来模拟阳光。阳光可以在魔杖中复制吗？

恒星的核心依靠热核聚变提供能量，产生光子。在巨大的压力和温度下，原子核会在恒星的核心内部融合在一起。在这个过程中释放出来的能量会逐渐到达恒星的表层，称为光球层。光球层中的原子将吸收这些能量，然后以可见光的形式再次将能量释放出来。恒星中的可见光实际上来源于光球层。光球层中的电子受到来自恒星内部辐射的激发，向外释放光子。

光球层下的各层过于密集，可见光无法穿透，这意味着恒星在光球层之下基本上是不透明的。因此，恒星几乎可以被视为一个黑体，能够充当白炽光源。这样说来，虽然灯泡不能提供跟太阳一模一样的光线，但它和太阳一样，具有作为白炽光源的特性。那么，我们能简单地在魔杖顶端放上一个小灯泡，来实现"荧光闪烁"咒语的功能吗？

1900 年左右，小型白炽灯泡首次被用在了手电筒上，并用干电池给灯泡供电。这些灯泡的寿命和亮度都有限制。如今，白炽灯泡的长度可以小到 0.6 厘米，功率为 0.3 瓦。如果可以放一个灯泡在魔杖的末端，并提供足够大的电源，那么它就可以发出类似"荧光闪烁"的白光。如果能给灯泡提供足够的电能，并且灯泡足够坚固，能够在高温下工作，那么它就可以在魔杖顶端发出光。

还有一个更高效的选择，就是用发光二极管（LED）来给手电筒提供光源。与白炽灯泡不同，LED 是通过电致发光来工作的。在发光时，LED 也不会像白炽灯光源那样，释放出那么多无用的热量，所以它的发光效率更高。因此，如果使用 LED 发光，那么产生相同强度的光所需的电源会更小，手电筒也就可以制作得更小。

终极荧光闪烁

在《阿兹卡班的囚徒》中，哈利·波特施放出"终极荧光闪烁"咒，魔杖发出了最亮的光线，简直变成了探照灯。

光越亮，每秒释放的光子就越多。为了释放出更多光子，我们必须增加发射光子的表面积。也就是说，得让半根魔杖都能发光，而不仅仅是尖端发光。更大的表面积意味着能释放出更多的光子，于是光线就会更亮。

对于白炽光源来说，我们可以通过提高温度来增加释放出的光子数量，不过这样会稍稍改变峰值辐射的频率，而光的颜色也会随之变化。因此，排除了在魔杖上使用白炽光源的可能性，我们就只剩下冷发光源可用了，比如手机上的 LED 手电筒，或者是白色的 LED 屏幕。

如果魔杖用的是冷发光源，那么就需要根据具体的发光机制，去增加发光反应的速率。这一点可以通过提高反应温度、增加电压或其他发光机制相对应的方法来实现。

因此，我们可以用好几种方法来制作一根顶端发光的魔杖。然而，无论产生光的具体方法是什么，最终的原理都是电子被激发到更高的能级，然后以光的形式再次将能量发射出去。

我们真能见到隐形斗篷吗？

科幻故事中的隐身衣可以追溯到很久以前。在中世纪的威尔士神话里，"不列颠岛十三宝藏"中有一件宝物，叫作"康沃尔的亚瑟王斗篷"，穿上它就可以隐身。

在魔法世界里，哈利·波特继承下来的隐形斗篷据说是传说中的三件死亡圣器之一，是死神本尊在 13 世纪为佩弗利尔三兄弟中的一位所创造的。在传说中，这件斗篷的初衷是让穿着它的人能够不被死神盯上而继续前行，不过一般来说，隐形斗篷的作用是为了让人藏起来，不被敌人发现。显然，在现实世界中，如果有一件衣服或设备，能让某件东西基本上无法被看见，这个想法是十分有吸引力的，尤其是对军队而言。

伪装

多年来，军人们一直用穿着迷彩服的方法使敌人难以发现他们。这种伪装经常采用与周围环境类似的颜色，或者使用干扰性的形状和图案，以此来破坏敌人对物体轮廓的感知。这种伪装的原理是扰乱人们对所见事物的感知方式，而不是让物体完全隐形。

在自然界中，一个生命体将自己融入周围环境的能力被称为保护色，这种能力为生命体提供了生存优势。例如，因为全身雪白，所以北极熊在冰雪的环境中很难被看见，而叶虫的颜色和形状都和它所栖息的树的叶片相似。这些动物的适应性特征不随时间和地点发生变化，因此它们的伪装方式被称为被动伪装。另一方面，变色龙和章鱼使用的则是主动伪装，也叫作自适应，因为它们会根据所处的环境调整自己皮肤的颜色、图案、纹理或形状。尤其是章鱼，它们可以通过改变所有这些身体特征来模仿周围的物体，而变色龙主要只改变身体的颜色和图案。

在魔法世界里，魔法师们有他们自己类似变色龙的能力，被称为"幻身咒"。这个咒语能让魔法师的身体呈现出他背后物体的颜色和纹理。跟上面提到的所有例子一样，

被隐身的主体仍然是可见的，但他们的伪装会让人很难辨认出来。

自适应伪装

许多麻瓜科学家小组都对自适应伪装进行了研究，并将其应用于人体，或者是交通工具。2003 年，东京大学的一位教授开发出了一种名为"光学伪装"的系统，这个系统使用了所谓的逆反射投影技术。摄像机会拍下物体后面的背景图像，然后再由光学投影仪将背景图像实时显示在物体的正面。物体表面覆盖了一层特殊的反光材料，作为投影的屏幕。

2012 年，英国的一档电视节目《疯狂汽车秀》为福特汽车打造了一套系统。他们用四块平板电视包裹起面包车的四面，电视屏幕分别朝向车的前、后、左、右。每面电视墙的反面都放置了摄像头，以实时播放面包车另一侧的现场画面。梅赛德斯－奔驰在为 F-CELL 氢燃料技术做广告时，也使用了一套类似的装置。不过他们使用的显示屏不是平板电视，而是 LED 阵列。

最近，美国一家名为 Folium Optics 的公司正在研发一种可以应用于作战车辆的技术。这项技术使用了一组六边形单元陈列，它们可以根据周围环境改变颜色。它们还具有反射性，因此在匹配周围环境的照明亮度时，并不需要为它们提供非常大的功率。

尽管尽了最大努力，但伪装仍然有其缺点。如果被隐身的物体移动起来，或者观察者从不同角度去看，那么伪装往往会失效。一个真正"看不见"的物体，比如被隐形斗篷罩住的物体，不应该存在这个问题。那么，怎样才能让物体变得"看不见"呢？

眼睛即极限

看见看不见，完全在于观察者的眼睛，在这里，也就是人眼能否通过可见光看见东西。我们的眼睛是利用周围物体发出的光去"看见"的。眼睛最早是在水下进化的，而在水下，只有特定频率的光才能穿透水。因此，我们的眼睛就变得对可以穿透水的频率最为敏感，特别是可见光。

微波、红外线和紫外线会被水分子吸收，这就意味着，它们不能很好地穿透水，所以眼睛也就不需要对这些波长的光进化出灵敏度。不过有些昆虫，比如蜜蜂，可以感知到紫外线的某些频率。

我们之所以能看到这个世界，是因为我们的眼睛能够吸收来自物体的可见光波。在这个过程中，这些光线必须被眼睛中的一些特殊部位吸收，尤其是视网膜中的视杆细胞和视锥细胞。我们的视网膜中有大约 1.2 亿个视杆细胞和 600 多万个视锥细胞。视杆细胞对弱光敏感，而视锥细胞则对可见光的颜色敏感。

任何不能发出可见光的东西，对人类来说都是看不见的。但有些动物，比如蛇，能够探测到红外辐射。蛇是通过脸上的特殊凹坑器官来实现这一点的，这些器官使它们能够探测到一米之外的红外光。这就是为什么伏地魔的蛇——纳吉尼，能看得到罩在隐形斗篷之下的哈利和赫敏。这说明，哈利的隐形斗篷只对特定频率的光——很可能只对可见光——是透明的。那么，有可能使可见物体变得对人类肉眼不可见吗？

哦，那个老把戏！

要想让肉眼真正看不见某个物体，那么这个物体必须能让光直接通过，也就是说，在光波通过时，这个物体中的原子不会明显地干扰光波，这就是为什么水、玻璃和塑料等物质看起来是透明的。但尽管透明，我们却仍然可以看到它们。这是如何做到的呢？

即使透明材料表面上没有污垢或污迹，我们仍然可以根据光线通过时受到的影响来看到这些透明材料。例如，当光从一种透明物质传播到另一种透明物质（例如从玻璃到水）时，任何没有被反射或吸收的光都会改变方向，这取决于光射入两种介质之间界面的角度。这种光线弯曲现象叫作折射。

当物质的折射率不同时，就会发生折射。折射率反映了光在透明材料中传播时，其速度和方向会受到多大影响。当光在空气中穿过玻璃时，它的传播路径会受到干扰，因为空气和玻璃的折射率不同。与光的反射和吸收一样，折射会影响光的传播路径，从而显示出玻璃的存在。

不过，有些介质材料的折射率的确大致相同，例如食用油和派热克斯玻璃。这意味着光从一种介质传播到另一种介质中时不会发生折射。这样看起来，似乎光直接穿过了油和玻璃，没有受到干扰。我们可以利用这个原理做一个科学的"魔法"小把戏，把一块派热克斯玻璃放进装满食用油的容器中，这块玻璃就消失不见了。其实，是食用油成了玻璃的隐形斗篷。

这个小把戏之所以能成功，是因为派热克斯玻璃本身就是透明的，但如果想要让不透明或者有颜色的物体变得不可见，我们还需要另一种技术。

超材料

科学家们一直在研究可以引导光绕过物体的技术，而不是让物体对光变得透明。2006 年，物理学家约翰·彭德利提出了一个想法，后来被称为"隐形斗篷"。这个想法的基本原理是利用超材料来操纵光。

超材料是一种特殊的工程材料，其性能能够超越自然材料。例如，超材料可能产生负折射，这在自然界中是不存在的。第一批超材料只对微波和无线电波等波长较长的辐射起作用，但研究人员一直在努力扩大波长范围。微波的波长在 30 厘米到 1 毫米之间，而可见光波的波长则在 400 到 700 纳米之间。纳米比毫米小一百万倍。

2012 年，德克萨斯大学奥斯汀分校的研究人员成功将一根 18 厘米长的管子对特定波长的微波隐形了。他们这种隐形斗篷是通过抑制物体对光线的散射（散射即向多个方向反射）来发挥作用的。如果光没有明显地从物体表面散射出去，那么我们就无法检测到来自这个物体的光，于是这个物体就对这些波长的光"不可见"了。

第二年，这批研究人员又使用超薄的超屏幕制作出了他们称之为"地幔斗篷"的设备，因为它具有非常轻薄（厚度小于1毫米）且具备柔性的优点。这项研究论文的合著者安德里亚·阿卢这样描述道："当斗篷和物体的散射场相互干扰时，它们会相互抵消，总体效果是，在所有的观察角度上，物体都是透明而不可见的。"那么，可以用这种方法来让可见光波段中的物体隐形吗？

为了让我们的眼睛对物体不可见，而不仅仅是对长波段的光，我们必须缩小所有东西的比例，包括被隐形物体的大小，因为被隐形物体必须比观察它的光的波长更小或相当。如果物体大得太多，斗篷就不起作用了。因此，这个物体不能是18厘米长的圆柱体，而只能有1微米长，也就是说，它只是1毫米的千分之一。

事实上，超材料斗篷可用的物体大小和光的波长都有着根本的限制。不过不同类型的超材料，比如活性超材料，仍然可能会为我们未来的研究提供更大的可能性。

隐形斗篷

自适应伪装技术距离可穿戴技术还有很长的路要走，不过，它在体积较大的物体（如车辆）上已经展现出了不错的前景。人们正在努力发展使隐形更加有效的技术。贝宜系统公司已经成功展示出了一种用于坦克的红外隐身系统。

虽然我们可能永远也找不到一种方法来让不透明的物体对可见光"不可见"，但我们有可能通过弯曲物体周围的光线来达到类似的效果。这些隐形斗篷确实存在，而且是用超材料制成的。然而，可隐形物体的最大尺寸在可见光频率范围内是有限制的。

目前，我们还没有幸运到能把隐形斗篷披在你的肩膀上，但对于特定波长的光和一定尺寸的物体，这绝对是有可能实现的。